走！去博物馆学历史

世界国宝篇

史永 / 主编

蒋悦　张茜 / 著　陈颖 / 绘

中信出版集团 | 北京

图书在版编目（CIP）数据

走！去博物馆学历史. 世界国宝篇 / 史永主编；蒋悦，张茜著；陈颖绘. -- 北京：中信出版社，2020.9（2024.1重印）
ISBN 978-7-5217-1794-5

Ⅰ.①走… Ⅱ.①史…②蒋…③张…④陈… Ⅲ.①文物-世界-儿童读物 Ⅳ.①K86-49

中国版本图书馆CIP数据核字(2020)第064950号

走！去博物馆学历史・世界国宝篇

主　　编：史永
著　　者：蒋悦　张茜
绘　　者：陈颖
审　　定：中国文物交流中心
　　　　　国检教育
出版发行：中信出版集团股份有限公司
　　　　　（北京市朝阳区东三环北路27号嘉铭中心　邮编　100020）
承 印 者：北京启航东方印刷有限公司

开　　本：889mm×1194mm　1/16　印　张：10.5　字　数：263千字
版　　次：2020年9月第1版　印　次：2024年1月第5次印刷
书　　号：ISBN 978-7-5217-1794-5
定　　价：58.00元

版权所有·侵权必究
如有印刷、装订问题，本公司负责调换。
服务热线：400-600-8099
投稿邮箱：author@citicpub.com

目录

四千多年前的皇家宴会
普阿比王后的滚筒印章　苏美尔文明
.... 001

四千多年前的进口商品
黄金青金石项链　美索不达米亚文明
.... 015

古埃及贵族的装扮宝典
鹰头造型韦塞赫　古埃及文明
.... 031

少年法老"重生"记
图坦卡蒙的月亮船项链　古埃及文明
.... 051

意大利的天才金匠
黄金扣针　伊特鲁里亚文明
.... 067

草原开大会咯!
斯基泰人的黄金项圈 斯基泰文化
················· **085**

嘿！我们来玩干瞪眼
黄金臂环 阿契美尼德王朝
················· **099**

把神庙戴在头上
圣欧费米娅王冠 古希腊文明
················· **115**

古希腊的时尚
黄金冠冕 古希腊文明
················· **129**

"永远不老"的皇帝
博拉卡斯玛瑙浮雕 古罗马文明
················· **145**

后记 ········· **161**

参考书目 ········· **164**

四千多年前的皇家宴会

**普阿比王后的滚筒印章
（苏美尔文明）**
大英博物馆

根据考古发现，人类最早的文明之光可能出现在美索不达米亚，它的意思是"两条河流之间的地方"。数万年来，奔腾的底格里斯河和幼发拉底河一直灌溉着这片平原，它的大部分区域位于现在的伊拉克境内。五千多年前，在这片富饶美丽的土地上，有一群人早早地在这里定居，利用丰沛的河水发展了灌溉网络，让这片土地变得更加富饶。随着一座座城邦的建立，他们创造了美索不达米亚的第一个重要的文明，这群人就是苏美尔人。

几千年前的苏美尔人长什么样子呢？现在就让我们去认识认识他们吧。

美索不达米亚的湿地
许一青拍摄

苏美尔人都是"大眼萌娃"

侧着身体，光着脑袋，赤着双脚，穿着"流苏裙"，这群苏美尔男人，有的拿着鱼，有的牵着牛，有的正在弹奏乐器，有的没事儿干就把双手握在胸前。最有特色的是，他们那双超级无敌"萌萌的"大眼睛，几乎占了半张脸，呆呆地看着前面。

不仅苏美尔人长着大眼睛，连他们创造的动物形象也都有着大大的眼睛。

拿鱼的苏美尔人

奏乐的苏美尔人

牵牛的苏美尔人

苏美尔人与家畜

乌尔王旗（局部）
苏美尔文明
英国，大英博物馆

为什么他们都有一双大眼睛呢?有人认为,苏美尔人是非常尊敬神灵的,而"看"是与神灵交流的最好的方式。在各类作品中,他们努力描绘一双双大眼睛,好像是为了更好地接收神灵的信息。就是这样一群"大眼萌娃",在20世纪二三十年代轰动了考古界。

大约一百年前,英国的考古学家伍莱在美索不达米亚的乌尔城发掘了1850座苏美尔人的坟墓,这是20世纪最伟大的考古发现之一,当时的英国人甚至将那里称为"乌尔的坟场"。乌尔是苏美尔人建立的一座城邦,就在幼发拉底河边,即今天伊拉克的首都巴格达的南边。

　　这其中有一座非常豪华的陵墓，那就是苏美尔王后普阿比的陵墓，有四千五百多年的历史了。普阿比身高不足一米五，小小的身体被华丽的礼服和精美的饰品包裹着——头部套着沉甸甸的黄金饰品，上半身则覆盖着一串又一串的宝石珠串。

　　在她右臂处还有一件小小的"圆筒形"的东西，是用青金石做的，尺寸和我们的大拇指差不多，仔细一看，上面还雕刻着各种各样的图案，这些神秘的图案是什么呢？

普阿比王后身上的首饰是不是很华丽呢？

普阿比王后首饰佩戴复原
美国，宾夕法尼亚大学博物馆

皇家宴会上的 普阿比王后

为了看清楚这些图案，考古学家们将这件东西在泥版上一滚，瞬间，一幅连环画就出现了！考古学家们给它取了个形象的名字，叫作"滚筒印章"。

普阿比王后的滚筒印章
苏美尔文明
英国，大英博物馆

普阿比王后的滚筒印章所印图案

一群长着大眼睛的苏美尔人将画面挤得满满当当，在画面的左上角有一些神秘的符号，这是苏美尔人的文字"楔形文字"，而这些楔形文字正是"普阿比王后"的意思，当初考古学家就是根据这枚滚筒印章上的文字来确定墓主人身份的。

"普阿比王后"的楔形文字写法

> 中间坐着的女士为普阿比王后。

普阿比王后的滚筒印章所印图案（局部1）

在这枚小小的滚筒印章上，我们还可以看到普阿比王后本人，你知道是哪位吗？让我们一起看一下滚筒印章所印图案的上面一排，左边有一位坐着的女士，她梳着大大的发髻，有着高挺的鼻梁，即使坐着，也比周围的人高半个头，旁边的人看上去就像小朋友。苏美尔人用这种方法显示了她"高人一等"的身份，这就是我们的女主角——普阿比王后！

你看，普阿比王后优雅地坐在那儿，手拿酒杯，对面站着一位女士，好像正在向她敬酒。王后的身后，还有一个仆人正在帮她按摩，好惬意。

即使王后的实际身高连一米五都不到，但为了凸显她的地位，也要把她塑造得比其他人高大些，这种艺术手法叫作"神圣比例"。画面中还有另外三位坐着的"大人物"，无一例外，他们的身材都比其他人高大。

普阿比王后的滚筒印章所印图案（局部2）

左图中，身材高大的大人物端坐着，迎面走来的男士递给他一杯酒。大人物的身后，有一个仆人正在给他捶背，有趣的是，手中还拿着一样东西，难道这是古代的"按摩仪"？

右图中有两位男士，看上去正在高谈阔论。

原来，这里正在举行一场皇家宴会，看来四千多年前的宴会和我们现在也差不多。通过这些画面，我们可以知道几千年前发生的故事，这种用画面而不是文字来讲故事的方法被称为"视觉叙事"，有点儿像我们熟悉的连环画。

普阿比王后的滚筒印章所印图案（局部3）

在另外一件乌尔出土的文物上，也用到了这样的方法。这件文物叫作乌尔王旗。

乌尔王旗
苏美尔文明
英国，大英博物馆

乌尔王旗画面分为三个层次，显而易见，最上面一层是国王与大臣，是最尊贵的一群人，他们坐在椅子上，拿着酒杯，享受着别人的服务。下面两层的普通民众只能乖乖地排着队，献上自己的动物和粮食。无论是这枚滚筒印章还是这面乌尔王旗，都显示了苏美尔人的等级观念。

那么普阿比王后的这枚滚筒印章是用来干什么的呢？难道是为了给我们看这些连环画的？

滚筒印章
是用来干什么的?

在苏美尔,这种滚筒印章并不是用来欣赏的,而是他们的行政管理人员用来保管东西的。

那时候,苏美尔人还没有保险箱,他们把贵重的东西装进坛子或者储藏室后,就会把柔软的泥土覆盖在坛口或门缝上,再用滚筒印章在泥土上一滚,泥土上就会出现一连串的图案,就像一条泥土做的"封条",可以及时发现别人未经允许就擅自打开密封的坛子或储藏室,有点像后来的火漆封缄。

火漆封缄

工匠们还会在滚筒印章的中间穿孔,这样使用的人就可以用绳子将印章穿起来,挂在脖子或者腰上,以便随身携带。每枚印章上还会刻上使用人的名字,就像普阿比王后的那样,表明"专人专用"。

滚筒印章上的穿孔

10

阿卡德人的滚筒印章
阿卡德文明
美国，大都会艺术博物馆

滚筒印章是苏美尔人的一大发明，在苏美尔文明消亡后，美索不达米亚又出现了其他文明，比如阿卡德文明、巴比伦文明、亚述文明等，后人也继承了这种滚筒印章。除了青金石材质的，滚筒印章还有其他不同材质的，每一枚滚筒印章上的图案也是不同的。

比如这枚阿卡德人的滚筒印章（公元前2250—前2150年），它是用燧石做的。画面中，阿卡德人正在森林里打猎，他刚猎到一只羊。

**印有亚述女神的
玉髓滚筒印章**

左面这枚精美的滚筒印章是用玉髓做的，也有近 3000 年的历史了。画面的最中间是亚述的一位女神，有五颗星星围绕着她，有两个带翅膀的精灵保护着她，这让她看上去与众不同。还有一个信徒正在她面前虔诚地跪拜。

这些像连环画一样的印章是不是特别有趣呢？虽然现在我们已经不再使用这些滚筒印章，但是并不意味着它们失去了生命力，相反，苏美尔人的发明总在源源不断地刺激着人们的创造力，在几千年后，滚筒印章又流行了一把。

**玉髓滚筒印章所印图案
亚述文明**
美国，大都会艺术博物馆

滚筒印章上的图案展现出当时人们生活的方方面面。

"老古董"也有新生命

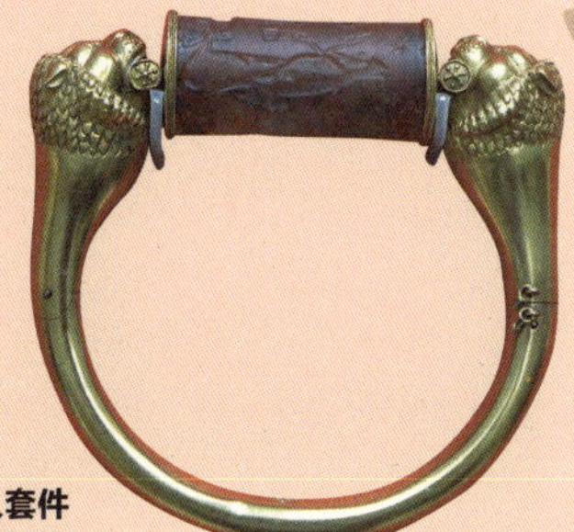

莱亚德夫人套件
英国，大英博物馆

  19世纪，英国有一位考古学家莱亚德要和他年轻时尚的妻子结婚了，送妻子什么结婚礼物好呢？一定要有特色，有新意，不落俗套。啊！对了！他想起自己刚从美索不达米亚带回的一大批滚筒印章，并立刻请来伦敦的珠宝商将这些滚筒印章设计成一套精美的配饰，这肯定是世界上独一无二的结婚礼物！

  最后，珠宝商不负所托，在1869年用这些滚筒印章做成了一条项链、一对耳环和一只手镯。据说，这套用几千年前的"老古董"设计出来的珠宝，让当时英国的维多利亚女王都羡慕不已。

你能从画中找到滚筒印章吗？

莱亚德夫人，油画
西班牙
维森特·帕马罗里·Y. 冈萨雷斯 1870 年创作

  莱亚德的妻子当然十分喜欢！她还特地戴着这套用滚筒印章制成的首饰，请画家为她画了幅画，作为纪念。画中的莱亚德夫人看上去端庄又高贵。

  将从出土的古代文物中获取的灵感运用到珠宝设计中去，这种风格被称为"考古复兴主义"，这在 19 世纪十分流行。

  小小的滚筒印章，却有大大的生命力。它不仅可以让我们知道几千年前发生的故事，还可以让珠宝设计师们从它们的身上获得设计灵感。这些，苏美尔人一定没有想到。

四千多年前的进口商品

黄金青金石项链
(美索不达米亚文明)
国际珠宝历史与传承研究院

比利时的巧克力、日本的蛋糕、法国的香水……商场里琳琅满目的进口商品对我们来说一点儿也不陌生，就算商场里买不到的，利用网络和快递，也会很方便地送到家。几千年前的情况又是怎样的呢？你是不是觉得那时候的人还是落后的，根本没见过外面的东西？那你就太小瞧他们了。古人对进口商品的喜爱，可不亚于现代人。

早在五六千年前，生活在美索不达米亚的苏美尔人就非常喜欢同外国人做生意。那些远道而来的奢侈品一直保留至今，让我们一起去看一下他们都喜欢什么吧。

苏美尔人的宝藏

大约五千年前，苏美尔人就在美索不达米亚建立了一座繁华的城市乌尔，它毗邻幼发拉底河，位于现在伊拉克的首都巴格达的南边，离波斯湾的入海口不远。

乌尔王旗

还记得上一章出现的乌尔王旗吗？这是旗两面的图案。从这些图案中我们可以看到苏美尔人生活的方方面面。

国王

战车

作战

乌尔王旗（局部）

　　为了找到这座几千年前的都市，大约一百年前，英国的考古学家伍莱和他的伙伴们从伦敦启程，来到美索不达米亚进行考古。从1922年到1931年，他们一共在乌尔遗址发掘了1850座坟墓，大多数都是平民的墓葬，少部分是王室的陵墓，一批古老的宝藏也随之重现于世。

这批宝藏中有小巧玲珑的黄金小鱼护身符、青金石小鱼护身符，也有镶嵌着青金石的黄金戒指，还有点缀着青金石的黄金叶子发饰，当然也少不了各种各样的黄金青金石项链，以及用黄金和青金石制作而成的山羊和树的雕像，等等。

黄金小鱼护身符和青金石小鱼护身符
苏美尔文明
英国，大英博物馆

镶嵌青金石的黄金戒指
苏美尔文明
英国，大英博物馆

点缀青金石的黄金叶子发饰
苏美尔文明
英国，大英博物馆

蓝黄的撞色设计，苏美尔人是不是很时尚呢？

黄金青金石项链
苏美尔文明
英国，大英博物馆

考古学家发现，苏美尔人特别喜欢将黄金和青金石搭配在一起，黄金似骄阳般光芒万丈，青金石如夜空般高远宁静，颜色一深一浅，形成了鲜明对比，这就是苏美尔人典型的审美观。

林中公羊像，雕像
苏美尔文明
美国，宾夕法尼亚大学博物馆

  苏美尔史诗中还有一则这样的传说，苏美尔国王吉尔伽美什是神和人的合体，他不仅英俊潇洒，而且通晓宇宙万物——别人看不见的，他看得见；别人猜不透的，他猜得透。苏美尔的女神伊西塔深深地爱上了他，为了让这位国王成为自己的丈夫，她准备送他天底下最珍贵的礼物，那就是"以黄金为轮，以青金石为轼"的宝车。闪耀的黄金和深邃的青金石，这是苏美尔人心目中最高贵的组合。

  然而，美索不达米亚虽然土地肥沃，却没有丰富的矿产资源，黄金和青金石都需要进口。如何合理利用这些珍稀的材料做出精美绝伦的艺术品呢？苏美尔人自有办法！

苏美尔人
也喜欢进口货

就像这条精美的黄金青金石项链，黄金吊坠中间镶嵌着一块像夜空一样的青金石，将苏美尔人的喜好体现得淋漓尽致。

> 这件精美的项链原来的穿绳已腐烂，被替换为现代链扣。

黄金青金石项链
美索不达米亚文明
中国，国际珠宝历史与传承研究院

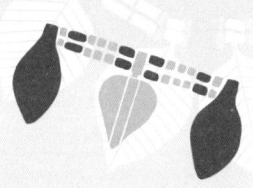

黄金青金石项链吊坠正面

项链上的黄金可能是从相邻的伊朗和土耳其等地进口的。这么珍贵的材料可要省着点用。于是，苏美尔人渐渐发明了两种极为精细的黄金工艺。一种我们可以在吊坠的正面看到，就是将黄金做成一根根细丝，缠绕成各种图案，焊接到黄金上。

还有一种，就是将黄金加工成一颗颗直径小于 1 毫米的小金珠，作为装饰。这种小金珠在吊坠的正面和背面都有，链条的串珠上也有。吊坠背面，一颗颗小金珠排列成三角形的样子，就像是太阳的光芒。

黄金青金石项链链条（局部）

黄金青金石项链吊坠反面

这两种省料又美观的工艺，后来也传到了古埃及、古希腊等地，时至今日，人们还在运用这两种古老的黄金工艺。

而青金石的产地就更远了，在阿富汗的巴达赫尚地区。这个地区在阿富汗的最东边，东端毗邻中国新疆，离美索不达米亚三千多千米。在那个没有汽车没有飞机的年代，人们要如何获得这些漂亮的青金石呢？

青金石

考古学家推测，幼发拉底河和底格里斯河两条河帮了苏美尔人很大的忙，他们先利用水路运输，等到了险峻的山林地带，再借助驴子穿行于山地之间。穿越重重的荒漠、高山、峡谷，人们只为得到这种珍贵的宝石！由此形成了一条长达数千千米的青金石之路，这比丝绸之路早了两千多年。

至今，巴达赫尚地区仍是享誉世界的青金石产区。这种被开采和使用了数千年之久的宝石，不单单吸引了苏美尔人，许多人类文明都和这种蓝色宝石结下了深深的缘分。

神奇的蓝色石头

同样是在美索不达米亚,大约在公元前575年,新巴比伦王国的国王尼布甲尼撒二世下令在巴比伦城的北侧修建一座城门,即伊什塔尔城门,这是献给巴比伦女神伊什塔尔的。巍峨的城门上贴满了"青金石釉砖",但这并不是用青金石制作的。工匠们模仿青金石的颜色制作了一种深蓝色的釉料,将这种釉料涂在砖块上,整座城门都散发着青金石般的光泽,耀眼夺目。

在青金石色的背景上,各种动物在城门上"巡逻",深色和浅色的对比,呈现出一种强烈的视觉效果。

伊什塔尔城门(复原)
德国,佩加蒙博物馆

在古埃及，青金石同样是一种珍贵的宝石。在古埃及的新王国时期，人们认为神应该拥有"银骨、金身、青金石的头发"，这样的形象我们可以在法老图坦卡蒙的黄金面具上看到。

这件黄金面具是罩在图坦卡蒙的木乃伊上的，这样图坦卡蒙就拥有了黄金身躯：眼眶和眉毛用青金石勾画，头巾用与青金石颜色相仿的埃及蓝装饰。好像这样，法老王就真的可以变成神灵，得到永生。

图坦卡蒙金面具
古埃及文明
埃及，埃及国家博物馆

几千年后，欧洲人还将青金石研磨成颜料，并称这种颜色为群青色。文艺复兴时期的意大利画家琴尼诺·琴尼尼将群青色称为尊贵而美丽的颜色，他还说：群青色与金色搭配，无论是在墙面还是木板上，都能够让画面熠熠生辉。在欧洲，青金石所蕴含的幽蓝的色泽深深吸引了艺术家们，群青色一度被画家们用来绘制圣母的衣服。这幅《威尔顿双联画》中圣母的衣服就是群青色的。

不过珍贵的青金石颜料特别昂贵，许多欧洲的画家还因为大量使用奢侈的青金石颜料而陷入窘境。

威尔顿双联画，版画
画家不详
英国，英国国家美术馆

克孜尔石窟的壁画

　　中国新疆的克孜尔石窟的壁画也用了群青色。这个石窟始建于公元 3 世纪左右，开凿时间比敦煌莫高窟还要早，起源于印度的佛教正是通过新疆传入中原地区的。在克孜尔石窟的壁画中，最独特的是那深邃的蓝色，这种蓝色颜料就是用丝绸之路的商人从阿富汗带来的青金石研磨而成的。它的珍贵不言而喻，但是当时的人们认为，为了信仰是值得的。

如今，还有一种国际标准蓝色叫作"国际克莱因蓝"，它是法国的现代艺术家伊夫·克莱因创造的人工青金石颜料的颜色。

无论是耀眼的黄金还是深邃的青金石，古人和我们一样，对美和信仰的追求都是永无止境的。

国际克莱因蓝 色号#002FA7

古埃及贵族的装扮宝典

鹰头造型韦塞赫
（古埃及文明）
埃及国家博物馆

位于非洲东北部的埃及，是许多人津津乐道的探险之地，宽阔的尼罗河由南到北贯穿整个埃及，举世闻名的胡夫金字塔吸引着一群又一群的人前去瞻仰，包裹着白布的木乃伊出现在各类惊悚电影中。而现在，我们要带你进入一个更加神秘、更鲜为人知的古埃及。

从埃及的首都开罗驱车往南走半小时左右，就会到达一片游客罕至的沙漠。放眼望去，黄沙漫天。可别小看这片土地，这便是古埃及著名的亡者圣地——萨卡拉，是古埃及最重要的墓葬区之一，大量的王室成员和贵族埋葬于此。

埃及萨卡拉

 萨卡拉的豪华贵族陵墓

在这里，有一座豪华的贵族陵墓，它由巨大的石灰石建造而成，外表看上去平淡无奇。

但它的内部却很华丽，四周的墙壁上都雕刻着各种各样的精美浮雕。

贵族陵墓的外观

陵墓内部浮雕（1）

33

陵墓内部浮雕（2）

34

陵墓内部浮雕（3）

陵墓内部浮雕（4）

35

这座豪华陵墓的主人叫作梯,来自大约 4500 年前的古埃及第五王朝。他是一位身份显赫的高官,掌管着国家的重要事务,我们在下面的浮雕壁画中找到了他。

狩猎河马浮雕
古埃及文明
埃及,梯陵墓遗址

围捕河马

> 梯身材高大，身高是他后面那个人的两倍！

官员梯

在《狩猎河马浮雕》中，一群皮肤黝黑的古埃及人正在围捕水中健壮的河马，他们有的在划船，有的在收网，有的则拿着尖尖的杆子伺机而动，河面上弥漫着紧张的气氛。

但是有一个身材特别高大的人，直挺挺地站在后面，什么事都不干，这便是官员梯。他高大的身材显示了他高人一等的身份，他高高在上的姿态就像在告诉别人："别想叫我干活，我可是位贵族！"

除此之外，他身上还有一件古埃及贵族的专属饰品，这也是其他人没有的，你找到了吗？

37

 **古埃及贵族的标配**

如果我们仔细观察，会发现梯的脖子上戴着一条宽宽的项链。

这种项链有个奇怪的名字韦塞赫（很多博物馆也称宽项圈），韦塞赫是一个古埃及词语，正是宽大的意思。

我们可以在很多古埃及的艺术品中看到这种款式的项链，这简直就是古埃及贵族们的标配！

下面这幅壁画中，一位身材高大的贵族在一边坐着监督工匠们打造各种精美的艺术品。高高在上的他戴着一条蓝色的韦塞赫，两名光头工匠正为他献上一条"新鲜出炉"的韦塞赫。

佩戴着韦塞赫的官员梯

前面介绍的法老图坦卡蒙的黄金面具上也有一条超级华丽的韦塞赫。

不仅古埃及的帝王和贵族们会佩戴韦塞赫，古埃及人给他们的神也戴上了韦塞赫。在《哈尼佛亡灵书》（局部）（公元前 1285 年）中，端坐在宝座上的绿皮肤的神正是古埃及神话中的冥界之神奥西里斯，他和他身后的女神都佩戴着韦塞赫！

这么贵重的韦塞赫有没有实物呢？有！我们在埃及国家博物馆中找到了。

图坦卡蒙金面具

壁画
诺曼·D. G. 戴维斯在 1921—1922 年根据
埃及底比斯 TT181 墓葬（约公元前 1390—前 1349 年）中壁画绘制
美国，大都会艺术博物馆

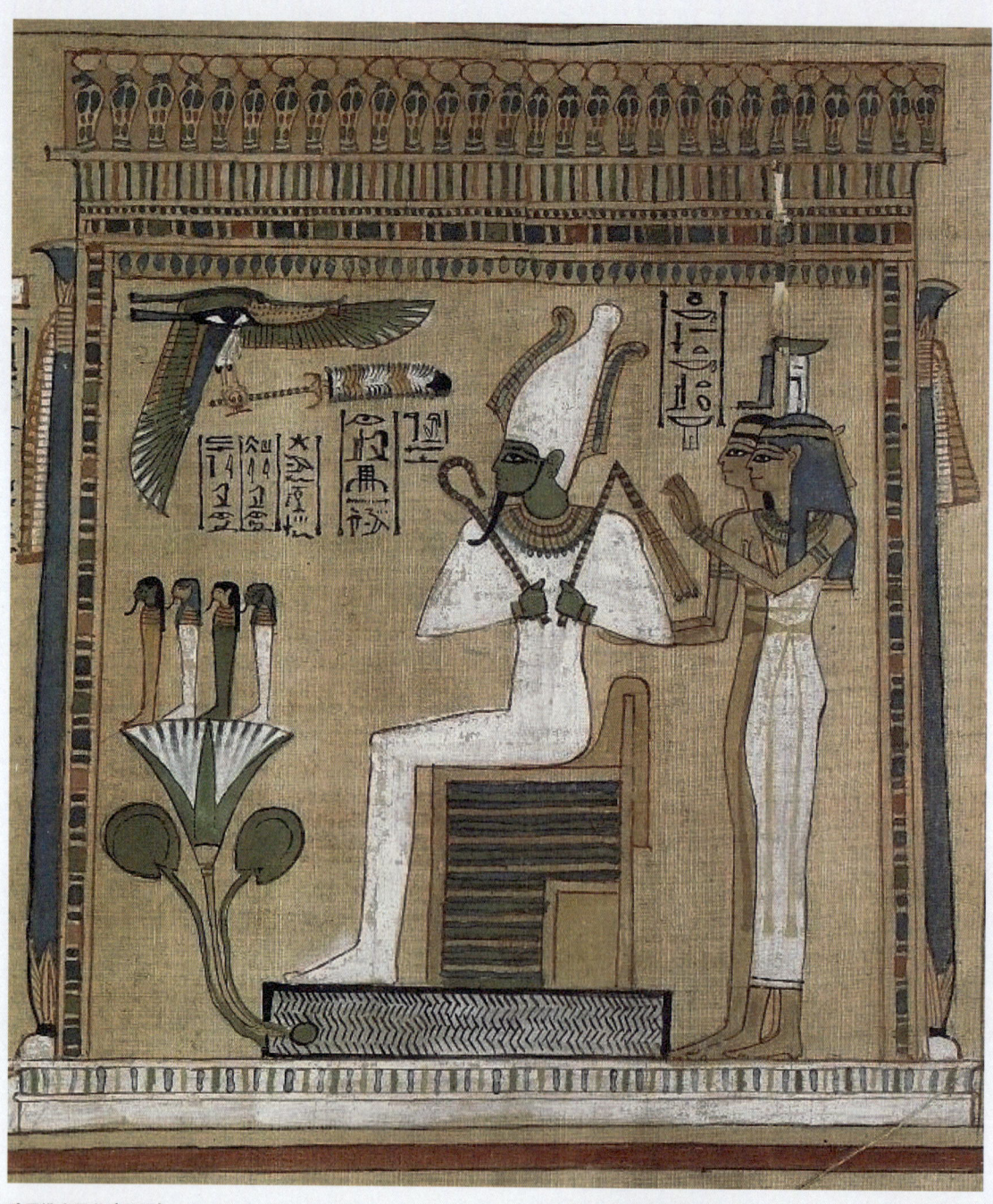

哈尼佛亡灵书（局部）
古埃及文明
英国，大英博物馆

你找到冥界之神和女神们戴的韦塞赫了吗？

古埃及公主的
韦塞赫

　　走进埃及国家博物馆的珍宝室，在昏暗的展柜中，一盏聚光灯静静地照射着这条精美的韦塞赫。黄金制作的鹰头驻守在韦塞赫的两端，蓝色的珠子就像深沉的海水，红色的珠子就像殷红的晚霞，它们都散发着动人的光泽。

鹰头造型韦塞赫
古埃及文明
埃及，埃及国家博物馆

这是古埃及第十二王朝一位公主的韦塞赫，这位公主叫作尼斐鲁普塔，是法老阿蒙尼姆赫特三世的掌上明珠，生活在大约 3800 年前。1894 年，考古学家在她的金字塔中发现了这条韦塞赫。

经过测量，这条韦塞赫大约有一个人的肩膀这么宽，七排珠串可以垂到胸前，大量的黄金注定它分量不轻。这哪里像一条项链，分明就是一件斗篷，它夸张的造型实在是非常符合韦塞赫这个词的本义。又大又沉的韦塞赫，它的链条却特别细，难道古埃及人戴在脖子上不会勒得慌吗？不用担心，聪明的工匠们通过两处小小的设计完美地解决了这个问题，让我们来看看其中的奥秘。

韦塞赫的佩戴秘诀

首先,古埃及工匠们设计了一条小尾巴,在这条韦塞赫的链条上有一个鹰头流苏垂饰,它有七排串珠,挂在脖子后面,可以起平衡韦塞赫前后重量的作用,从而减轻脖子承受的重量。我们称这条小尾巴为"平衡坠"。

平衡坠

两侧黄金鹰头

　　同时，左右两边的黄金鹰头也是经过精心设计的。它们不单单起装饰作用，更重要的是，可以保持项链两边的平衡，还可以把项链固定在肩头，这样一来，韦塞赫就不会左右摇晃了。

　　这样，无论尼斐鲁普塔公主是去参加舞会，还是召见外国使臣，或是参加重大的仪式，都不用担心韦塞赫会出问题。这条华美的韦塞赫定会服服帖帖地待在她的胸前，将她衬托得神采奕奕、端庄典雅。古埃及的工匠们可真是人体工程学的大师啊！

　　实际上，早在古埃及第四王朝时期，韦塞赫这种款式的项链便已出现，并且一直流行，直到古罗马占领埃及，将埃及变成自己的一个行省。让我们一起去看看约三千年的漫长时间中那些各种各样的韦塞赫吧！

古埃及到处都有韦塞赫的身影！

这条第五王朝的韦塞赫可是韦塞赫中的老爷爷了，它有四千多岁了！由于年代久远，项链上的釉彩已经掉落，露出了原来白色的滑石，但是令人惊喜的是，它的平衡坠和左右两边的平衡物都保存完好。

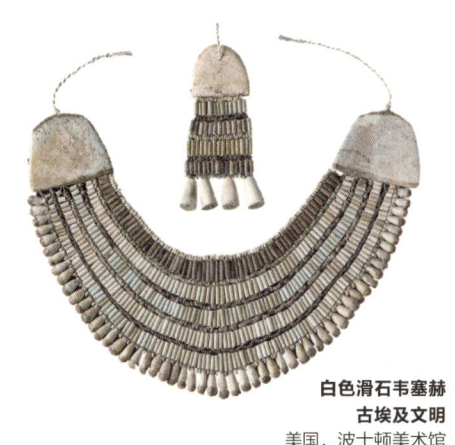

白色滑石韦塞赫
古埃及文明
美国，波士顿美术馆

这是古埃及第十一王朝的蓝白黑三色韦塞赫，它的色彩依然鲜艳，只是它的平衡坠不小心"跑"丢了。

蓝白黑三色韦塞赫
古埃及文明
英国，大英博物馆

到了第十八王朝，釉彩的颜色更加丰富了，装饰也更为精致了，但是韦塞赫的基本形制仍然没有变，如这条多彩韦塞赫，历久弥新的色彩述说着它永恒的光辉。

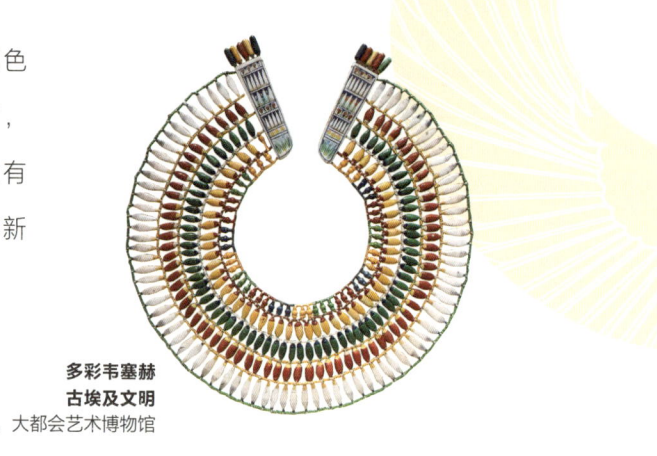

多彩韦塞赫
古埃及文明
美国，大都会艺术博物馆

下面这条看上去像枯草一样的韦塞赫有些特别，它是用什么材料制作而成的呢？在三千多年前，古埃及工匠们使用了纸草、橄榄叶、矢车菊、蓝莲花瓣、浆果等新鲜植物制作了这条花环韦塞赫。当考古学家打开尘封已久的法老图坦卡蒙的金棺时，它正佩戴于图坦卡蒙木乃伊的胸前，已伴随着法老长眠了三千多年。

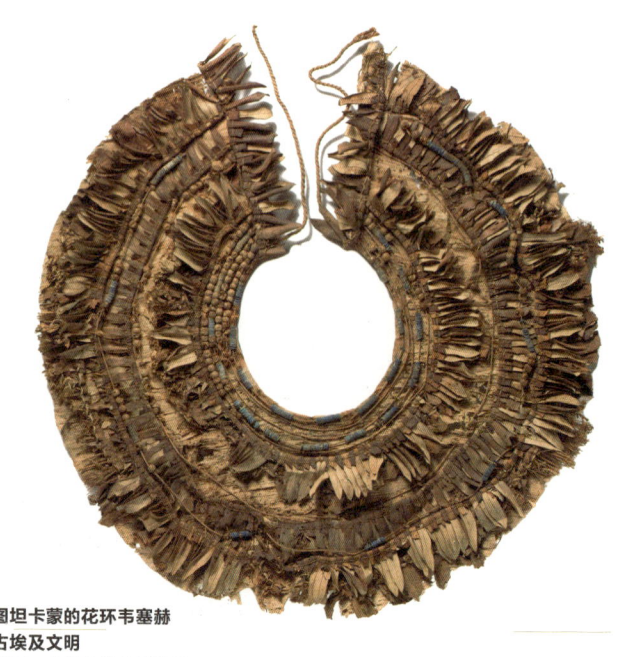

图坦卡蒙的花环韦塞赫
古埃及文明
美国，大都会艺术博物馆

黄金迷你韦塞赫
古埃及文明
美国，大都会艺术博物馆

　　这条黄金迷你韦塞赫很有可能是给古埃及的神像佩戴的。这个时期，亚历山大大帝的部将托勒密统治了古埃及，开创了托勒密王朝，带来了希腊元素，但是韦塞赫依然延续了它的经典形制。

　　由于年代久远，大多数的韦塞赫都遗失了它们的小尾巴，但你依然可以找到它们的共同点。无论色彩如何变幻，选材有何差异，装饰怎么改变，韦塞赫的款式几乎是不变的。看来古埃及人真的是很念旧啊！

古埃及工匠们的日常

　　这一条条传世千年的韦塞赫当然离不开珠宝工匠们的精心设计和制作。在古埃及，高品质的珠宝工坊都在王朝高级官员的监管之下，这是高官们的日常工作之一，我们在古埃及第六王朝高官梅汝卡的陵墓壁画中看到了韦塞赫的制作过程。

梅汝卡陵墓浮雕壁画
古埃及文明
埃及，梅汝卡陵墓遗址

让我们慢慢走近，看一看这群古埃及工匠们是怎么工作的。

在这幅绘制图中，两个工匠正在忙活着，你有没有发现他们的身材有什么特点？是不是觉得他们的腿都挺短的？没错！他们两个是侏儒！当时的埃及人认为，侏儒腿短跑得慢，如果发生了盗窃行为，很容易抓回来。

这两个工匠正合力制作一个钥匙孔形状的饰品。他们的动作可真够快的！在他们的上方已经堆着不少完成的珠宝首饰，有一种喇叭花形状的饰品，还有一圈蝴蝶结造型的饰品。中间那些小兔子、小鸟、小虫子一样造型的又是什么珠宝呢？这其实是古埃及的象形文字，它记录了右边那个工匠的话，他正不耐烦地催促着左边的人："快点快点！赶快完工！"他大概是想赶回家吃晚饭吧。而左边的那个工匠正拿着工具不停地拧啊拧，一丝不苟地完成最后一些细节。

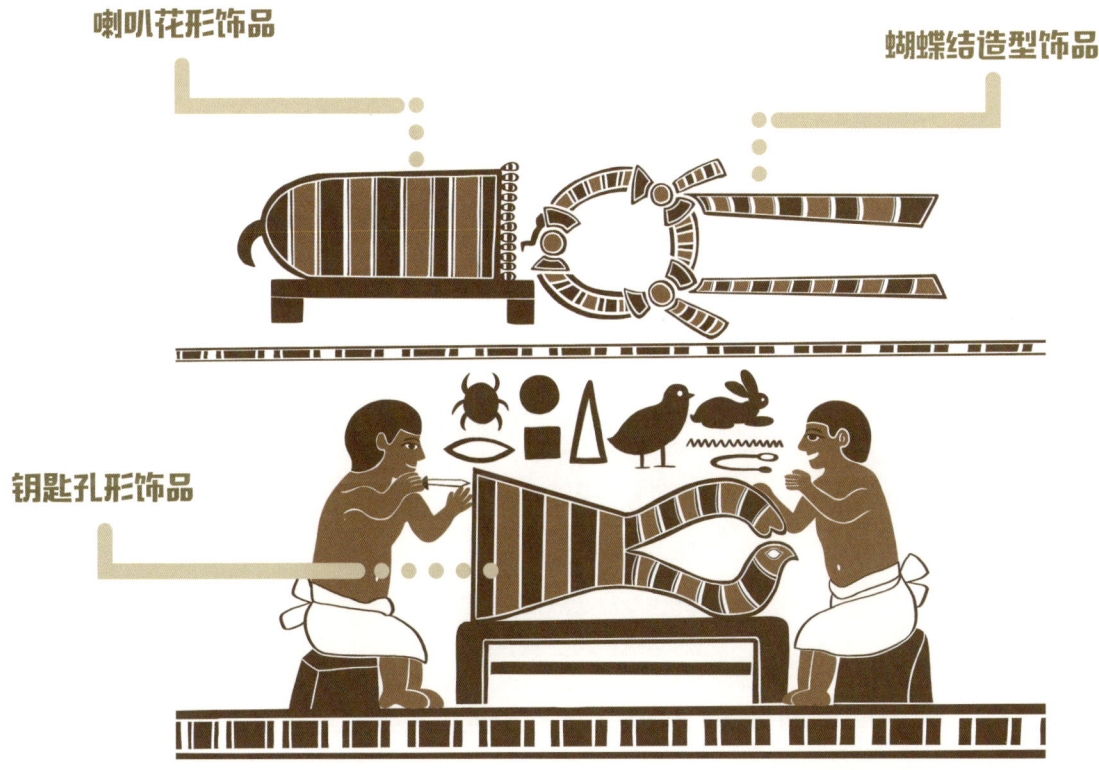

根据梅汝卡陵墓浮雕壁画绘制

再来看看这幅绘制图，这两位可是大长腿工匠了。他们正举着一条鹰头造型韦塞赫，可见这种款式的韦塞赫是经典款呐！他们一只手拎着韦塞赫上的绳子，另一只手托着韦塞赫，这小心翼翼的样子应该是在找韦塞赫两边重量的平衡点吧！

正是有了古埃及工匠们一丝不苟的制作，才有了一条条流传千年的韦塞赫。可惜由于他们在古埃及的地位低下，历史上并没有留下他们的名字，不过他们制作的一件件珍宝现在都收藏在各大博物馆里呢。

根据梅汝卡陵墓浮雕壁画绘制

少年法老"重生"记

图坦卡蒙的月亮船项链
（古埃及文明）
埃及国家博物馆

雄伟的金字塔是埃及的标志，大多数人认为所有古埃及的法老都埋葬在金字塔里，事实并非如此。古埃及人早就意识到，高大的金字塔过于显眼，容易招引盗墓贼，所以在公元前2200年左右，也就是古王国末期，他们就不再修建金字塔了，渐渐将陵墓转至地下。在新王国时期（公元前16—前11世纪），古埃及人在尼罗河的西岸选择了一片山谷，将法老埋葬于此，这片山谷现在称为"帝王谷"。

帝王谷是一片荒无人烟的峡谷，也是埃及最热门的旅游景点之一，虽然热门，口碑却褒贬不一。很多游客来到这儿，发现就是一片荒野，没有什么特别的。新王国时期的法老们也是这么想的，把陵墓建造在这里，盗墓贼总发现不了了吧。可惜他们低估了那些盗墓贼。很多法老的陵墓还是被洗劫一空，珍宝也不知所踪，但是有一座陵墓却几乎完好地保存了下来，这位幸运的法老是谁呢？

帝王谷
英国摄影师哈利·伯顿 1922 年拍摄

少年法老图坦卡蒙
"重现世间"

  这位幸运的法老就是图坦卡蒙，说不定你还听过不少有关这位法老的传说呢！比如，"法老的诅咒"就是从他这里流传开来的。图坦卡蒙这么有名，但他的陵墓却是迄今为止在帝王谷发现的所有法老陵墓中最小的一座。他的知名度这么高，并不是因为他有多少丰功伟绩，而是因为他是一位被古埃及人遗忘的法老！

  在三千多年前，一脸稚嫩的图坦卡蒙登上了法老的宝座，那时他还不到十岁。如果在今天，他应该在学校里学着阿拉伯语，做着数学题，背着古诗文，然而小图坦卡蒙却要肩负起治理一个国家的重担，并且还要处理之前一位法老埃赫那顿留下的"烂摊子"。

埃赫那顿雕像
古埃及文明
埃及，卢克索博物馆

埃赫那顿是图坦卡蒙的岳父，他是古埃及历史上著名的异教徒法老。在他统治之前，古埃及人认为自己由各种各样的神灵保护着，有太阳神、风神、大地之神、冥界之神等，是多神崇拜。但是埃赫那顿认为阿蒙僧侣权力太大了，威胁到了自己的王权，这种情况得改改了，于是他废除了阿蒙神崇拜，强制推行对独一太阳神阿顿的崇拜。

膜拜阿顿神浮雕
古埃及文明
埃及，埃及国家博物馆

在《膜拜阿顿神浮雕》中，阿顿是一个圆圆的太阳，它的光明照耀人间。法老埃赫那顿正带着他的王后和女儿们膜拜太阳神。

"怎么能这样呢！这会触怒神明的！"这种做法当然惹怒了阿蒙僧侣，他们在古埃及的政治中有着巨大的影响力。于是，随着埃赫那顿的去世，他的这套做法也逐渐被废除。图坦卡蒙即位，恢复了阿蒙的神庙和阿蒙神的崇拜。即便如此，人们认为，他仍然是异教徒的继承者，他的名字不能留下来！在图坦卡蒙去世后，人们把他的名字从纪念碑等上面铲除。时间长了，古埃及人竟然都不知道他们原来有一位法老叫作图坦卡蒙！

同时，由于图坦卡蒙在他十八九岁时突然离世，他的陵墓也没准备好，人们只能将他安放进原本为其他王室成员准备的陵墓中。这座陵墓很小，连墓室中的壁画都是草草完成的，完全体现不出法老的气派。

图坦卡蒙的陵墓内部

拉美西斯六世的陵墓内部

  后世的一位法老拉美西斯六世在建造自己的陵墓的时候，他的工人们不仅把"建筑垃圾"倒在图坦卡蒙的陵墓上方，还将建筑工棚搭建于图坦卡蒙的陵墓之上。就这样，这位少年法老的陵墓被掩埋在乱石之下。可以说，图坦卡蒙在生前受尽委屈，死后还要继续受委屈。

卡特清理图坦卡蒙棺木
英国摄影师哈利·伯顿 1922 年拍摄

不过"塞翁失马，焉知非福"，图坦卡蒙的陵墓几乎完整地保留了下来，在这一方面，他比其他法老幸运。1922 年，英国考古学家霍华德·卡特发现了图坦卡蒙的陵墓，墓中共出土了两千多件重要文物，这一考古发现当时轰动了全世界，曾经被人遗忘的图坦卡蒙一下子成为古埃及最有名的法老之一。三千多年后，受尽委屈的图坦卡蒙以华丽的身姿"重现世间"！

 ## 乘着月亮船去旅行

考古学家卡特在图坦卡蒙陵墓的入口处发现了一些彩色的碎片,经过勘探,他怀疑在图坦卡蒙下葬后不久还是有盗墓贼闯入过,但只偷走了一些容易拿的物品,大多数东西还在墓中,这些碎片则是盗墓贼匆忙离开时掉在地上的。人们小心翼翼地将碎片修复后,发现是图坦卡蒙的头部塑像。

图坦卡蒙头部塑像
古埃及文明
埃及,埃及国家博物馆

图坦卡蒙的月亮船项链
古埃及文明
埃及，埃及国家博物馆

这位少年法老长什么样呢？深棕色的皮肤、硕大的后脑勺、画着眼线的大眼睛，奇怪的是这个脑袋居然长在一朵睡莲上！在古埃及，睡莲是非常常见的植物。人们通过细心观察，发现它喜欢阳光，它在黄昏的时候会闭上花瓣沉入水里，到了清晨又会开放。古埃及人认为，睡莲在黑夜中沉睡，到了第二天又复活了。将图坦卡蒙的头像安放在睡莲之上，就是希望法老可以像睡莲一样，有朝一日可以重生，这真是一个美好的愿望。

接着，卡特又在一个箱子里发现了一条华美的月亮船项链，上面也有睡莲的图案。

项链上有一轮满月，满月的下方还有月牙，满月和月牙的组合，代表月亮的一个周期。当夜幕降临的时候，月亮也要乘着小船出来旅行啦！而那些蓝绿色的莲花，有的盛开，有的闭合，都在准备沉入水底睡觉。人们期待着第二天，当东方第一缕阳光照耀人间的时候，睡莲能够重新开放，同样也期待法老图坦卡蒙可以重生。

顺着五颜六色的串珠，还可以看到这条月亮船项链的末端有一朵硕大的盛开的睡莲，它的两边各有一个花骨朵，这些睡莲不仅代表了重生，也有实际的作用，它们是项链的平衡坠。

前章讲的韦塞赫也有平衡坠哟，你想起来了吗？

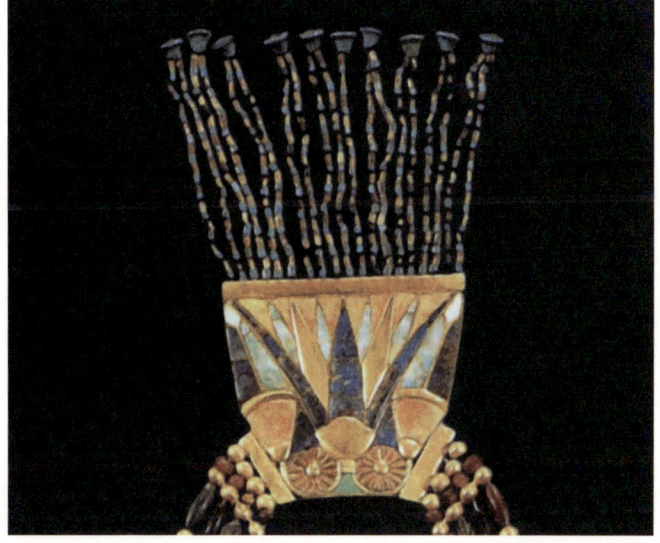

月亮船项链上的平衡坠

在图坦卡蒙的一尊雕像上,我们看到了这种项链的佩戴方法。

由于项链挂在胸前的部分比较重,垂在背后的平衡坠可以减轻脖子的负担。古埃及工匠们考虑得真是太周到了,将睡莲变成平衡坠,不仅送上了美好的祝愿,还能让法老戴得舒服一些。

其实,在出土的图坦卡蒙的珍宝中,带有睡莲元素的有很多。

图坦卡蒙的雕像
古埃及文明
埃及,埃及国家博物馆

可以"重生"的植物

　　这件造型古怪的东西是卡特在图坦卡蒙陵墓的侧室里发现的,羊头小船上有一座小亭子,亭子的柱头上就有睡莲图案。再仔细看看,船头有一位少女,她也拿着一朵睡莲放在胸前。卡特猜测这件东西可能是一个水果盆,亭子里可以放水果,下面的盆可以装水,这样子,小船看上去就像在水上航行一样,这样的水果盆是不是很有意境呢?

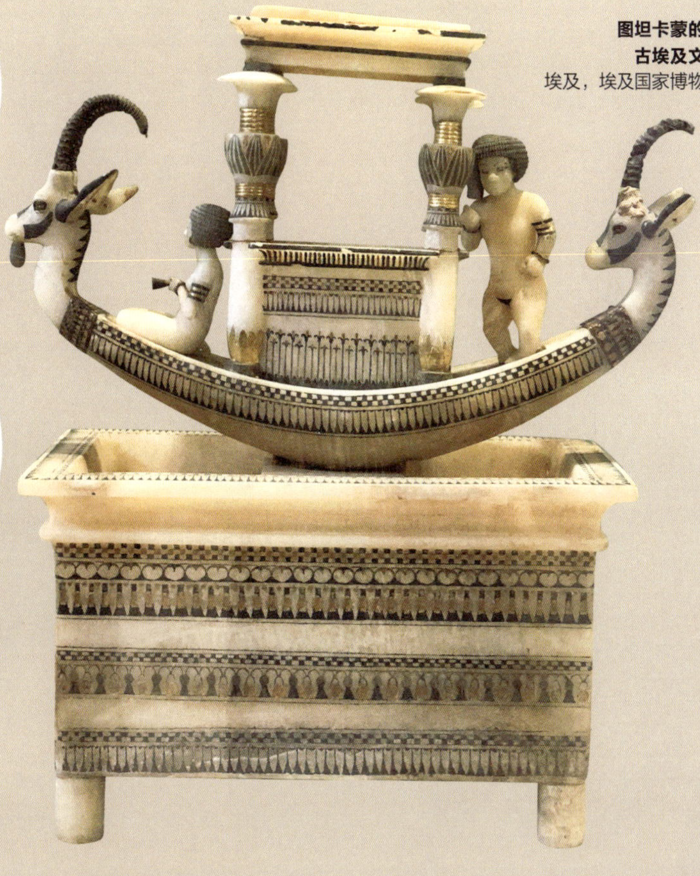

图坦卡蒙的盆
古埃及文明
埃及,埃及国家博物馆

这是图坦卡蒙的台灯，它也是睡莲形状的。如果将灯点亮，灯中就会映出图坦卡蒙和他的王后的身影。我们隐隐约约能看到图坦卡蒙坐着，他的王后就站在他的身边。灯的左右两边是古埃及的永恒之神海赫，他正守护着图坦卡蒙和他的王后，希望他们得到永生。

图坦卡蒙的台灯
古埃及文明
埃及，埃及国家博物馆

在下面这个莲花杯的杯沿上刻着一行古埃及的象形文字,这是送给年轻法老最动人的祝福:图坦卡蒙,希望您的灵魂得到永生,希望热爱底比斯(当时埃及的首都)的您面向北风,含笑百万年。

图坦卡蒙的莲花杯
古埃及文明
埃及,埃及国家博物馆

图坦卡蒙的墓室
英国摄影师哈利·伯顿 1922 年拍摄

　　图坦卡蒙带着这样的祝福，长眠于地下。1922年11月26日，卡特第一次窥见了图坦卡蒙陵墓的内部，他眯起眼睛，从小洞口向内张望。他在日记中这样写道：随着我的眼睛适应了墓室内的光线，里面的情况逐渐从黑雾中显现出来，我看到了奇怪的"动物"、雕像和金子，一瞬间——对我旁边的人来说一定如永恒那么久——我目瞪口呆。

　　对于卡特来说，那的确是一个非常奇妙的瞬间。几乎完好无损的墓室、堆积如山的宝藏，让他吃惊得几乎停止了呼吸，这是一个令人叹为观止的宝库！对于图坦卡蒙来说，这也是一个奇妙的瞬间，沉寂几千年，终于扬名海内外！

　　也许睡莲真的是一种有魔力的植物，让图坦卡蒙得到了"重生"，在人们的心中活了过来。

意大利的天才金匠

黄金扣针
（伊特鲁里亚文明）
梵蒂冈博物馆

说起意大利，我们总会想到举世闻名的罗马人，他们从小小的罗马城邦出发，建立了庞大的罗马帝国。但是在意大利半岛上，还出现过一个辉煌的文明，那就是伊特鲁里亚。早在罗马人崛起之前，伊特鲁里亚人就控制了意大利的中西部地区，大约在公元前6世纪的时候，他们的文明达到了顶峰，罗马城也一度在他们的统治之下，古罗马的历史学家提图斯·李维都不禁感叹道：从阿尔卑斯山到西西里海峡，处于权力巅峰的伊特鲁里亚人都享有盛名。

但这璀璨的文明，如今却鲜有人知。究竟是怎样的一群人创造了这个文明呢？现在，神秘的伊特鲁里亚正等待我们去探索。

青铜碗
伊特鲁里亚文明
美国，大都会艺术博物馆

青铜碗的边缘刻有一行伊特鲁里亚人的文字，他们所使用的字母是古希腊的殖民者带到意大利的，只稍作了调整。但是考古学家并没有完全解读出伊特鲁里亚人的文字，因为它已经消亡约两千年了，留下的可供研究的文字材料也不多。

伊特鲁里亚战士
伊特鲁里亚文明
美国，大都会艺术博物馆

自由浪漫的
伊特鲁里亚人

大约三千年前，伊特鲁里亚人就定居在意大利半岛西北部，他们生活的地方大致位于托斯卡纳大区。

富饶的土地给予他们丰富的物产，曲折的海岸线又让他们有机会成为水手和商人。伊特鲁里亚人非常擅长航海，并且与许多地中海沿岸的国家都有贸易往来，他们的舰队称霸地中海西部。

伊特鲁里亚人还是一流的建筑工程师,两千五百多年前,他们统治了罗马城,在此期间,他们建造了罗马城的第一道防护墙,填平了罗马城中心的泥泞地带,修建了四通八达的公路,让罗马从原先的村落群变成了城市中心。

伊特鲁里亚人建立了许多城邦,但从未形成一个统一的国家,各个城邦之间是独立的。有时候它们是经济联盟,有时候又是政治联盟。也许正是因为这种松散的形式,伊特鲁里亚人才没有抵抗住罗马人的进攻,所有的城邦都沦陷了。随后,他们的文明也渐渐消失了。

虽然伊特鲁里亚文明最终消失了,但是留下了一个辉煌的地下世界,那就是伊特鲁里亚人的墓葬。墓室的墙壁上有许多彩色壁画,伊特鲁里亚人还把自己画进了壁画中。

壁画(局部)
伊特鲁里亚文明
意大利,塔尔奎尼亚国立博物馆

壁画（局部）
伊特鲁里亚文明
意大利，塔尔奎尼亚国立博物馆

这幅壁画与左页壁画皆出自一处伊特鲁里亚人墓葬。为了更好地保护这些壁画，1949年，人们将它们转移到塔尔奎尼亚国立博物馆。

壁画（局部）
伊特鲁里亚文明
意大利，塔尔奎尼亚豹子墓

这些壁画中的人，不是在跳舞就是在演奏音乐，小鸟都被他们吸引了过来，连植物都欢快地起舞。死亡，就像是一场永恒的欢宴，这样来形容伊特鲁里亚人再合适不过。这怎么会是坟墓中的壁画，分明就是欢快的音乐节。

根据一位古罗马作家的记载，伊特鲁里亚人是非常热爱音乐的：他们的日常活动常常伴随着笛声和琴声，他们在打猎的时候还会用音乐引诱猎物。他写道：伊特鲁里亚人捕猎的网向四周散开，各种各样的陷阱也已经安排妥当，这时候，一位技艺精湛的笛手开始演奏最甜美的音乐，乐曲声在宁静的树林中回荡，飘进了所有动物的窝里。起初，动物们被吓坏了，可是后来，它们被伊特鲁里亚人的音乐征服了，就像是着了魔一样，慢慢向音乐的源头靠近，最后全部落入陷阱中。伊特鲁里亚人真是一群浪漫的猎人啊！

而现在，我们走进一座座博物馆，细细观察研究他们留下的文物，才知道，伊特鲁里亚人还是一群伟大的艺术家。

奇怪的伊特鲁里亚珍宝

意大利罗马城西北角的高地上,有一个世界上面积最小的国家——梵蒂冈。这里的博物馆收集了很多全世界的珍宝,比如这枚2600多年前的伊特鲁里亚人的黄金扣针。

黄金扣针
伊特鲁里亚文明
梵蒂冈,梵蒂冈博物馆

黄金扣针上的雄狮

这件造型奇怪的黄金扣针足足有 39 厘米长，比一张 A4 纸还要再长一点儿。虽然人们给它起名"扣针"，但它究竟是什么，至今尚无定论。有人认为它是一枚胸针，但这枚胸针未免也太大了些。有人认为它的中间可以折叠，用来扣住外衣的领口。也有人认为它是一种发饰，可以戴在头上。由于没有相关的资料可以佐证，它的用途也成了一个谜。

在这枚黄金扣针的上半部分，有五只盛气凌人的雄狮，它们慢悠悠地踱着步，好神气！

黄金扣针上的带子

中间是两根用黄金细丝编织而成的带子。

扣针的下半部分是一堆密密麻麻的东西,看不清是什么,但是当我们把它放大再放大,会看到上面居然是一只只小巧可爱的小鸭子,一共有五十几只,它们都井然有序地排着队。

黄金扣针上的小鸭子装饰

黄金扣针上的格里芬

小鸭子的身边还有一种动物。它们有着狮子的身体,却长着一个尖尖的喙和一对翅膀,这就是传说中的神兽格里芬,也叫作狮鹫,是狮子和老鹰的结合体。狮子是兽王,鹰是飞禽之王,两者结合而成的格里芬被认为拥有非凡的力量。

再仔细看看,它们的身上都装饰着小金珠,这些金珠只有针尖这么大,这才是这件珍宝最为出彩的地方!这种工艺叫作造粒技术,这可是伊特鲁里亚人的绝招,他们先要制作出一粒粒小金珠,然后将它们粘到黄金扣针上。

在公元前8世纪的时候,造粒技术传到了伊特鲁里亚,没想到这项技术被伊特鲁里亚人发展到了极致,最夸张的时候一件黄金饰品上会用到十几万粒小金珠,而最小的金珠直径只有0.1毫米左右。让我们一起去看看他们是怎么玩转这些针尖大小的金珠的吧!

 玩转
小金珠!

在这对伊特鲁里亚的黄金手镯上,有一群女孩,她们的头发、衣服都是用一粒粒小金珠勾勒出来的。

黄金手镯
伊特鲁里亚文明
英国,大英博物馆

在这件兽牙形护身符上,伊特鲁里亚人又将小金珠排列成了三角形的图案。

兽牙形护身符
伊特鲁里亚文明
英国,大英博物馆

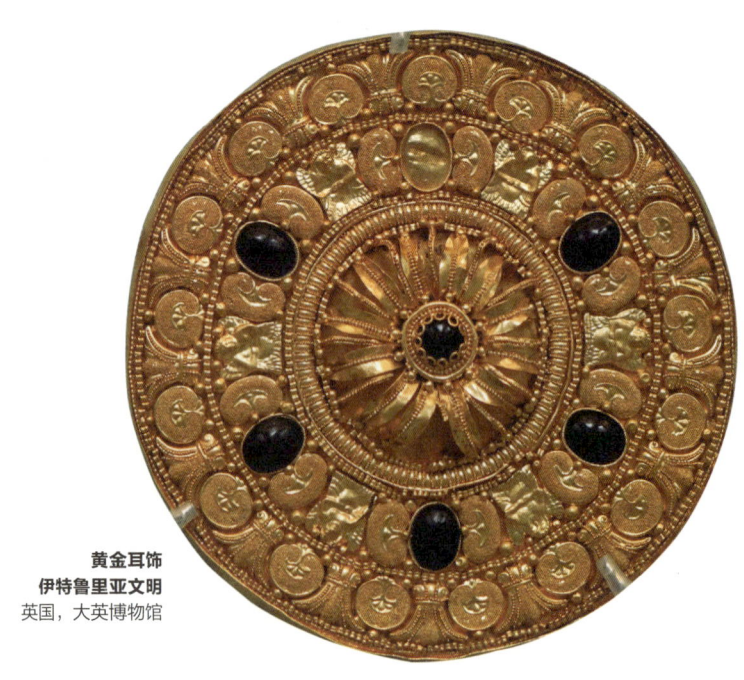

黄金耳饰
伊特鲁里亚文明
英国,大英博物馆

而在这枚黄金耳饰上,小金珠更是多得不可思议,不仔细数的话是数不清的。

伊特鲁里亚人不仅用小金珠勾勒出了花朵的茎脉,还把密密麻麻的小金珠铺在黄金的表面,制造出一种磨砂效果。天哪!这其中有多少颗小金珠,数都数不过来了!

在这枚胸针上,一粒粒小金珠又拼成了一只只野兽。

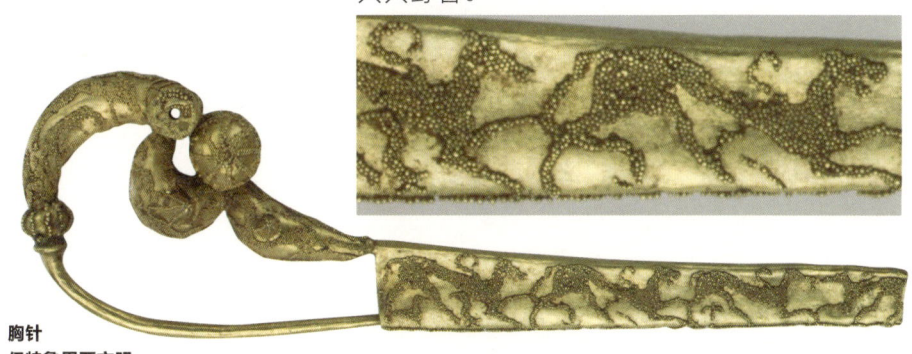

胸针
伊特鲁里亚文明
美国,大都会艺术博物馆

佛罗伦萨国立考古博物馆将这种装饰效果称为黄金烟尘，意思是这些小金珠就像灰尘的颗粒一样，细密而微小，是不是很形象呢？

除了这些，伊特鲁里亚人还会用小金珠拼出其他图案。

伊特鲁里亚人真是将小金珠玩出了花样啊！最令人惊叹的是，过了几千年，这些小金珠依然牢牢地粘在黄金饰品上。他们用了什么神奇的胶水，让小金珠粘得这么牢呢？

伊特鲁里亚文物常见纹饰

这些是伊特鲁里亚文物上常见的纹饰，是不是特别有设计感呢？

 神奇的胶水是什么？

随着伊特鲁里亚文明的消失，小金珠造粒技术也渐渐失传。直到19世纪，一批意大利工匠花了30多年的时间才重现了这种工艺。这其中的领军人物是意大利的工匠亚历山德罗·卡斯特拉尼，他常年致力于研究伊特鲁里亚人的造粒技术。这枚吊坠是他的作品之一，他说："必须承认，在黄金首饰的制作工艺上，古人是远胜于我们的。"

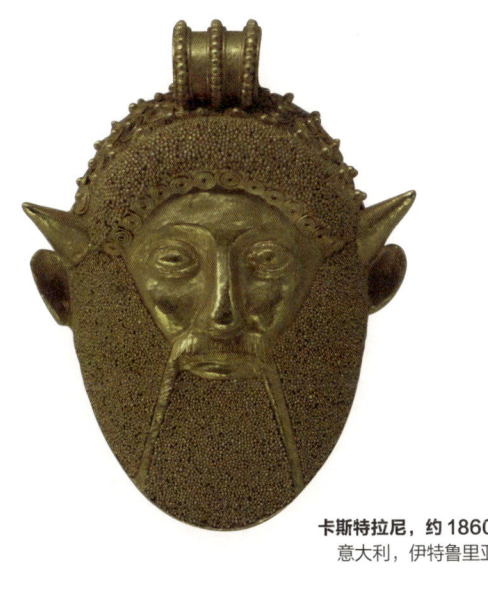

吊坠
卡斯特拉尼，约1860年制作
意大利，伊特鲁里亚博物馆

直到现在,这种神奇的胶水仍然是个谜,引发了大家的种种猜测,有一种有趣的说法,可以和大家分享分享。

有人认为,这种胶水是鱼胶(以鱼类的皮、骨、鳞、鳔等作为原料制成的胶)和孔雀石的混合物。让我们想象一下,几千年前的某一天,有位勤劳的古人从河水里打捞上来几条鱼,他无意中把鱼放到了一块漂亮的蓝色孔雀石上,想用石头把鱼头砸下来。掉下的孔雀石粉粒正巧和鱼皮、鱼鳞等混合在了一起,他又不小心将这种混合物抹到了黄金上,他惊奇地发现,通过加热,这种混合物更好地混合在了一起,变得特别有黏性,于是就发明了这种神奇的胶水。有时候,古人的很多发明创造都是在不经意间实现的。

伊特鲁里亚人可能用了这种胶水,将小金珠粘在了黄金饰品上,历经千年也不掉落。虽然说伊特鲁里亚人并不是第一批使用造粒技术的,但是他们却将这门工艺发展到了极致。

伊特鲁里亚人的末日

辉煌终有落幕之时，公元前4世纪左右，他们的城邦相继被罗马人攻陷，自由浪漫的伊特鲁里亚人也渐渐感受到了死亡的威胁，此时他们的墓葬壁画也变得阴郁黑暗，充斥着死亡、杀戮和鲜血。

壁画（局部）
伊特鲁里亚文明
意大利，弗朗索瓦墓

直到公元前 270 年，所有伊特鲁里亚的城邦都被罗马人征服了，他们的文明也逐渐被大家遗忘，随之衰落的还有他们高超的造粒技术。

现在，这些装饰着小金珠的精美文物就静静地躺在一些博物馆中，但是由于上面的金珠实在太小了，大多数人只是匆匆一瞥，无法见识到它的迷人之处。或许有一天你可以成为一个最佳导览员，带着大家走进小金珠的世界，去找一找这些有趣的图案。

壁画（局部）
伊特鲁里亚文明
意大利，弗朗索瓦墓

草原开大会咯!

斯基泰人的黄金项圈
(斯基泰文化)
乌克兰历史珍宝博物馆

该雕像根据公元前 4 世纪的古希腊雕像雕刻而成。

希罗多德雕像
意大利，罗马国家博物馆

  在司马迁的《史记》中，记录了一支活跃在中国北方草原上的游牧民族——匈奴，在很长一段时间里，他们都是中原农耕民族最强劲的敌人。从这开始，让我们把目光延伸到欧洲，在黑海北岸，也有一片广袤的草原，这里生活着另一支强悍的游牧民族，那就是斯基泰人。

  斯基泰人的强盛时期比匈奴早了四五百年，有趣的是，无论是斯基泰人还是匈奴人，有关他们的故事我们大多都是通过别的民族的记载去了解的，至今，人们都没有发现这些民族自己写的史书。把匈奴的故事写得最详细的，是汉朝的司马迁，而把斯基泰人的故事写得最全面的，则是古希腊的历史学家希罗多德，我们不妨先去看看希罗多德是怎么说的。

古希腊人笔下的斯基泰人

大约两千五百年前，希罗多德在他的著作《历史》中是这样记载的，斯基泰人生活在极其寒冷的地方，一年当中约有八个月都是严冬，大海和河流都结冰了。更北的地方就更冷了，那里总是下着鹅毛大雪，白茫茫的，这令斯基泰人都望而却步。恶劣的气候让他们成长为令人恐惧的战士。

希罗多德又绘声绘色地写道，斯基泰人精通骑马和射箭，在战争中，只要被他们发现了，没有一个敌人能够逃脱！如果斯基泰人打定主意不想被发现，那也就没有一个人能捉住他们。

黄金刀鞘
斯基泰文化
美国，大都会艺术博物馆

这件装饰精美的刀鞘可能是斯基泰人在典礼上用的。

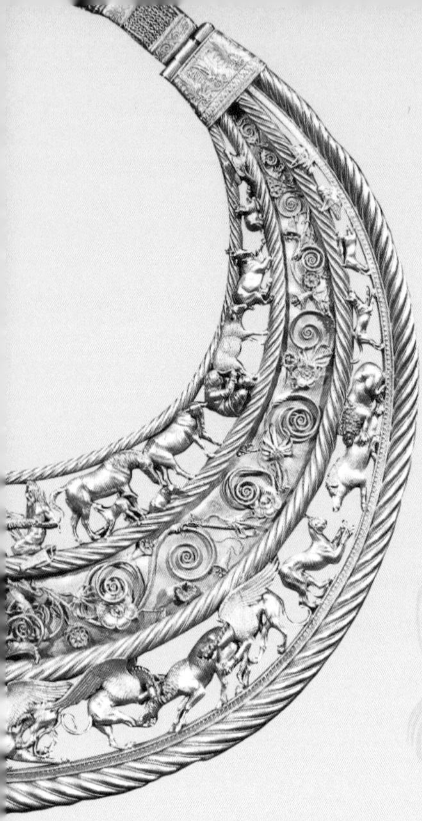

斯基泰人还非常喜欢黄金。传说，有一天天上降下了许多黄金用具，包括锄头、斧头和杯子等，斯基泰的统治者将它们带回了家。从此之后，历代斯基泰统治者都小心翼翼地保存着这些神圣的黄金用具，每年还要举行盛大的典礼来供奉这些黄金用具，以祈求平安。

在希罗多德的笔下，斯基泰人真是一群传奇的人啊！但是，由于很多故事都是希罗多德从民间打探而来的，其中不乏一些传说，所以想要了解真实的斯基泰人，单单阅读现存历史文献是不够的，还需要考古来帮忙。幸好，斯基泰人生活的地方很冷，就像一个"天然的冰箱"，很多东西都比较好地保存了下来。通过他们留下的文物，我们可以去了解相对真实的斯基泰人。

这个斯基泰人的黄金项圈，就展现了他们的生活。

 斯基泰人的生活

　　这个精美绝伦的黄金项圈共有三圈，乍一看，上面有好多动物，感觉就像草原动物大巡游。其实，每一圈都表现了一个主题，让我们先来看一看最里面的一圈。

斯基泰人的黄金项圈
斯基泰文化
乌克兰，乌克兰历史珍宝博物馆

黄金项圈内圈

缝制冬衣的斯基泰男性

在内圈中，我们的主角就惊艳亮相了！在项圈的最中间，两个健壮的斯基泰男性正拿着一件毛茸茸的羊皮袄。他们的头发卷曲浓密，被扎成了一撮撮小辫；胡子毛茸茸的，好像御寒效果挺好的；修身的裤子的裤脚被塞在靴子里，这有利于他们灵活移动。

也许那时正值夏季，草原上微风习习，他们赤裸着上身，正在缝制厚厚的冬衣。如果你仔细看，还可以看到右边那人的手中还拿着一根细细的针呢！他伸出手来，指着左边的人，好像在说："你别磨蹭了！赶紧缝吧！缝不出来，到了冬天可得挨冻了！"左边的人则委屈地低下了头，满脸的不高兴。

在这两个人的身边各有一个箭袋，看来希罗多德所言非虚，斯基泰人果然会随身携带弓箭，应该是草原上的神箭手！

另外一件斯基泰人的文物也充分显示了他们神箭手的身份。你看,这两个斯基泰人背靠着背摆出射箭的姿势,这种双人配合的姿势既能防守又能攻击。

弓箭手造型金饰牌
斯基泰文化
俄罗斯,艾尔米塔什博物馆

让我们继续看黄金项圈,在主角的周围,还有一大群动物,他们从大到小依次排开,以主角为中心,左右对称地出现。

在两个斯基泰人的左侧有一匹马和它的幼崽,它们正惬意地休憩着。右侧也相应地出现了一匹正在喝奶的小马驹和它的妈妈。

黄金项圈上的马与其幼崽

接下来，左侧有一头牛宝宝正在喝妈妈的乳汁，牛妈妈宠爱地亲吻它翘起的尾巴。右侧也出现了一头回首的牛和它看上去有些慵懒的宝宝。

黄金项圈上的牛与其幼崽

再接着看，两边各出现了一个活泼可爱的斯基泰少年，他们都拿着罐子在挤羊奶。

黄金项圈上挤羊奶的斯基泰少年

项链往两端越来越窄，两边的动物也越来越小，依次出现了老山羊、小山羊和鸟儿。

项圈上的老山羊、小山羊和鸟儿

虽然追求了对称效果，但制作者也并没有将黄金项圈左右两边图案设置得一模一样，若是这样就显得太死板了，而是使用了这种巧妙的对称——视觉平衡，让整个画面更为灵动。

夏季的草原是这样美好，天空高远而清澈，凉风轻拂绿色的大地，悠闲的斯基泰人和小动物们享受着草原上那宁静祥和的时光。

可是草原上不单单只有田园牧歌般的生活，它也危机四伏。

项圈外圈

格里芬捕食马儿

 **险象环生的草原**

  项圈的外圈上也有一大群动物，但和内圈不同的是，它们正在激烈战斗。

  六头怪兽格里芬从天而降，传说它们是老鹰和狮子的结合体。这群神兽撕咬着草原上的三匹骏马，它们的利爪深深地嵌入骏马的肌肉中。被捕食的马儿瞪大了眼睛，已经失去了反抗能力，只能屈从于强大的敌人。

两只狮子前后夹击雄鹿

除了正中间的格里芬和骏马，还有其他战斗着的动物。

左边，一只雄鹿正在垂死挣扎，它遭到了两只狮子的前后夹击。

右边，狮子和豹像是说好了一样，一起捕捉一头健壮的野猪。

狮子和豹合力夹击野猪

激斗的小动物们

来到项圈的末端，动物同样越来越小，猎狗追捕着小兔子，连两只小小的蚱蜢也正拼得你死我活。

95

黄金项圈上的蚱蜢

和内圈的温情脉脉相比，外圈中的画面就凶残了些。游牧生活可不是我们有些人想象的那样——在广袤的大草原上自由地奔驰。其实这是一种对大自然依赖性很强的生活方式。夏季虽然温暖，但是可能会遭遇大旱或者火灾，这样子的话，草原就会瞬间荒芜。到了冬季，若遇到极寒天气或暴雪，整个族群都有可能灭亡。在这样险象环生的草原上，所有生物都没法优哉游哉地生活，一切都要靠实力说话，所以斯基泰人才会成长为"令人恐惧的战士"吧。

最后，让我们去看看中间那圈富有装饰性的花纹吧！

 斯基泰人的专属定制

在中间这一圈，缠绕的卷须之间，不同种类的花朵纷纷探出头。在旭日初升的草原上，温柔的阳光铺满大地，唤醒了沉睡一夜的植物，给人一种充满希望的感觉。

黄金项圈上的花朵

这样温柔的造型可不太像斯基泰人的风格。通过对比，考古人员发现，这个项圈很有可能是古希腊的工匠们打造的。比如在这顶古希腊的王冠上，我们能找到类似的花纹。

圣欧费米娅王冠
古希腊文明
英国，大英博物馆

其实，古希腊人和斯基泰人早就建立了贸易往来。有一群古希腊人在黑海的西部沿岸建立了殖民地，斯基泰人向他们提供牲畜、鱼、毛皮和奴隶，甚至还有来自中国的丝绸。作为回报，希腊工匠们向斯基泰人提供精美的陶器和金银珠宝。这条项圈很有可能就是某位斯基泰贵族向希腊工匠定制的，这可是两千四百多年前的"高级定制"哟！看得出，古希腊人非常了解斯基泰客户的生活，并且以高超的工艺满足了客户的要求。

可能希罗多德正是向这群住在殖民地的古希腊人打听斯基泰人的生活的吧。

嘿！我们来玩干瞪眼

黄金臂环
（阿契美尼德王朝）
大英博物馆

说到历史上的超级大国，你首先会想到哪个呢？是亚历山大大帝创立的亚历山大帝国，还是举世闻名的罗马帝国，抑或是历史源远流长的中国呢？早在两千五百多年前，波斯帝国的阿契美尼德王朝就崛起成为超级大国！那时候，罗马帝国还没诞生，中国还处于春秋时期的纷乱之中。波斯人在公元前2000年左右迁至伊朗高原的西南部，一路披荆斩棘，建立起了强大的波斯帝国，这也是历史上第一个在亚洲、欧洲、非洲都有领土的帝国。

在伊朗境内，还留有一座阿契美尼德王朝都城的遗址——波斯波利斯。就从这座古老的都城开始，让我们慢慢走近阿契美尼德王朝，聆听它的传奇故事。

波斯波利斯浮雕
阿契美尼德王朝
伊朗，波斯波利斯宫殿遗址

浮雕上刻画了当时的波斯贵族。

波斯波利斯的宫殿遗址

 # 传奇都市
波斯波利斯

波斯波利斯的意思是"波斯人的城市",它在伊朗的知名度就像秦始皇陵兵马俑和故宫在中国一样。如今它已成为一片荒凉的废墟,但是在两千五百多年前,它是波斯帝国阿契美尼德王朝最重要的都城之一。国王的登基大典、节日庆典都会在这里举行。

波斯人曾在这里建造了一座宏伟的宫殿。它背靠大山，矗立在一片有 4 层楼高的天然宽阔平台之上。宫殿之下设计有错综复杂的排水系统，水管连接着平台上的各个建筑，以维持宫殿中的日常用水。宫殿的外墙是用巨大的石灰石铸成的，每一块都被精心打磨，巨石之间结合得严丝合缝。接着，波斯人又从世界各地收集青金石、红玉髓、黄金和白银等珍贵的材料来装饰宫殿，这些来自世界各地的材料，曾让波斯波利斯光芒万丈！在这座像艺术品一样的宫殿里，国王召见各国的使者，举行盛大的庆典。

　　这座宫殿还记录了波斯人的赫赫战功。宫殿的墙壁上雕刻着多国（城邦）使臣进贡的情景，他们都穿着各自的民族服饰。

挑着扁担的印度人

带着精美纺织品的古巴比伦人

牵着双峰驼的粟特人

可见当时的波斯帝国十分强大,很多国家(城邦)的使者都来朝见。

包裹着头巾的阿里亚人

头发卷卷的埃塞俄比亚人

来自各国（城邦）的使臣带来各种各样的贡品，献给伟大的波斯国王。公元前 330 年，亚历山大大帝打败了曾经不可一世的阿契美尼德王朝，并放火烧毁了波斯波利斯。据说，亚帝山大大帝足足用了 3000 头骆驼才把从阿契美尼德王朝国库中抢夺的珍宝运走。

辉煌的帝国已落幕，但阿契美尼德留王朝留给我们的艺术却不朽。

通过波斯波利斯遗址，我们可以看到两千五百多年前阿契美尼德王朝的艺术。这是一种"融合"的艺术，不论是宫殿内来自世界各地的材料，还是宫殿墙壁上不同民族的人物和他们的服饰。除了这些，宫殿中还有一种石雕动物，它们也是不同动物的"混血儿"。

波斯波利斯遗址中的神奇动物

波斯波利斯的宫殿内部使用了大量高 20 米左右的柱子，它们都是用整块石料打造而成的。

石柱的柱头雕刻着不同的动物形象，有牛，有马，有狮子，每个柱头的动物身体相连，成双成对，它们共同顶起了这些高大宫殿的屋顶，守护着雄伟的宫殿。其中还有一种神秘的动物，它有着鸟类的嘴巴、猛兽的身体，气势凌人，看上去很不好惹，这是什么动物呢？

波斯波利斯宫殿复原图

波斯波利斯宫殿柱头（原来的柱身已损毁）
阿契美尼德王朝
伊朗，波斯波利斯宫殿遗址

  这种动物就是我们前面提过的格里芬，它们在阿契美尼德王朝可是超级明星，艺术家们都特别喜欢以格里芬为原型创造艺术品。他们不仅把格里芬雕刻在波斯波利斯宫殿的柱头上，还用珍贵的黄金铸成了精美的黄金格里芬。现在，黄金格里芬就摆放在大英博物馆内。

黄金铸成的格里芬

当我们走进大英博物馆的波斯帝国展厅,首先便会看到这一件阿契美尼德王朝的黄金臂环,臂环上的格里芬就更精致了,它们昂首挺胸,紧紧地盯着对面的同伴,好像在说:"嘿!我们来玩干瞪眼吧!"

黄金臂环
阿契美尼德王朝
英国,大英博物馆

波斯波利斯浮雕墙上的人手拿臂环

黄金臂环可以戴在手臂上作为装饰品。在波斯波利斯浮雕墙上，有一个人就拿着两件类似的臂环，它们被当作贡品。

让我们再走近点儿，看看这对黄金格里芬到底长什么样子吧。

它们都长着弯弯的尖锐的喙，形状就像一把镰刀。工匠们还用薄薄的黄金呈现出它们灵巧的舌头，舌头紧紧地抵在上下喙之间，好像在警告它们的敌人：别想来偷走我的宝贝，否则让你尝尝被我啄伤的滋味！

它们的大眼睛专注地凝视着前方,细长的耳朵警惕地竖立着,好像一对侦查员,观察着周遭的一切情况。

神兽的头上有一对醒目的犄角,既像羊角,又似牛角。鹰头与犄角的组合,好威风啊!

格里芬

威风的格里芬,脖子也很粗壮。我们接着往下看,就可以看到工匠们为它们打造的一身精致的羽衣。一根根金丝勾勒出片片羽毛,使这身羽衣显得丰盈而顺滑,本来羽毛上还应该镶嵌有各种颜色的宝石,这样子,神兽格里芬拥有的就是一身五彩的羽衣了,它们展翅高飞的时候,尤其在阳光下羽毛会更加绚烂夺目。为什么我们现在看到的羽衣没有宝石呢?由于缺少出土信息,考古学家们推测,可能是工匠们没有来得及镶嵌或者是因为宝石脱落了。

日本的美秀美术馆也珍藏着这种款式的臂环，上面就镶嵌着各色宝石。这种工艺叫作"掐丝镶嵌"，就是将金属丝掐成一个个"小格子"，再填入各种各样的宝石。

黄金臂环
阿契美尼德王朝
日本，美秀美术馆

再往下看,我们就可以见到格里芬与众不同的身体了。它的前腿短而粗壮,像是狮子的前腿;后腿修长有力,像是老鹰长有利爪的双腿。这两只格里芬就像是两个蓄势待发的猎人,或许下一秒就会凌空而起。它的猎物有危险喽!

看来人们创造神奇动物的手法都差不多,就是把不同的动物组合在一起。像格里芬这样的神奇动物,自然会激发大家无穷的想象力,因此它在很多国家都拥有大量粉丝。

 谁都别想抢我的黄金！

我们先去古希腊看看。在古希腊人的描述中，格里芬生活在印度北部的山里，山里有大量的金矿，格里芬会从土里挖出金子来给自己筑窝。它们有一群不太友善的邻居，叫作独眼族人。独眼族人只长了一只眼睛，骑着高头大马，常常来掠夺格里芬的黄金，与格里芬是宿敌。这个故事在古希腊广为流传，还被艺术家画了下来。这个古希腊的双耳瓶上绘制的就是格里芬和独眼族人对战的场景。

格里芬英勇无比，连连进攻，独眼族人的马儿也被吓得抬起了前蹄，看他们下次还敢不敢来抢夺格里芬的黄金！

双耳瓶
古希腊文明
法国，卢浮宫博物馆

前文介绍的斯基泰人在阿契美尼德王朝的北边，他们也是格里芬的粉丝。到了公元前5世纪的时候，斯基泰人的艺术受到了阿契美尼德王朝的影响，这些小巧的黄金格里芬正是他们衣服上的装饰物。

格里芬造型的服饰装饰品
斯基泰文化
美国，大都会艺术博物馆

这些黄金格里芬只有2.5厘米左右哟！

继续往东走,我们将会到达离中国不远的阿富汗,他们那也有格里芬的身影。这块蓝色玉髓上,雕刻着一只奔跑着的格里芬。

格里芬凹雕
公元前 4 世纪
阿富汗,阿富汗国家博物馆

你看,格里芬从西边一路向东,忙得不亦乐乎。到底是谁率先创造了这种神奇动物,我们已无从知晓,就像我们也不知道是谁创造了中国龙的形象。

把神庙戴在头上

圣欧费米娅王冠
（古希腊文明）
大英博物馆

每座城市都有自己的代表性建筑。宏伟的故宫，坐落在北京市的中心；神圣的胡夫金字塔，至今都俯瞰着开罗这座城市；巴黎的卢浮宫，现在已成为全世界的艺术殿堂。若我们去往希腊的首都雅典，就一定要去看看它的代表性建筑——帕提侬神庙。

帕提侬神庙位于雅典卫城最高处，沿着约有两千五百年历史的大理石台阶拾级而上，你就会看到被群山环绕、雄踞于整座城市之上的神庙，即使外观已残破，依然巍峨壮丽。

帕提侬神庙遗址
古希腊文明
余琛瑱拍摄

从帕提侬神庙俯瞰雅典
余琛瑱拍摄

神庙上的雅典娜传奇

"帕提侬"在希腊语中的意思是处女之家,处女是古希腊神话中战争女神、智慧女神雅典娜的别称。帕提侬神庙是供奉雅典娜的神庙。大约两千五百年前,雅典人开始兴建这座神庙,他们用了整整九年将它封顶,又花了六年时间完成了神庙上的各种雕塑,46 根高约 11 米的大理石柱撑起了整座庙宇。在神庙的制高点,俯瞰整座雅典城,东方既白,落日余晖,甚至是远处的袅袅炊烟都可以尽收眼底,它是当时整个希腊世界最宏伟奢华的神庙!

作为供奉雅典娜的神庙，它的很多传奇故事自然与雅典娜有关。

在帕提侬神庙的屋顶上，有一片三角形的区域被称为三角楣，也叫作山形墙。由于损坏严重，现在上面光秃秃的。

实际上，那里原先雕刻了许多栩栩如生的图案，记录了雅典娜大战海神波塞冬的故事，雅典卫城博物馆特地做了复原。

三角楣中间拿着武器的两位就是智慧女神雅典娜和海神波塞冬，他们正在为争夺雅典而战。在古希腊神话中，雅典娜和波塞冬都看中了雅典这座城市，宣称雅典是属于自己的，争当雅典的守护神。为此他们争论不休，最后他们决定：谁能够送给雅典一份最好的礼物，谁就能拥有它！

于是，在雅典市民的围观下，两位神明的比拼开始了！波塞冬先用三叉戟在悬崖上猛地一击，一股泉水就从裂缝中流了出来，众人大开眼界，纷纷欢呼起来。然而这泉水就像他掌管的海水一样，咸得难以下咽，对人们来说并没有什么用。紧接着，雅典娜拿出了她送给雅典的礼物，她在岩石的裂缝中栽下了一棵橄榄树。这是雅典人第一次见到橄榄树，它可以为人们提供橄榄、橄榄油和木材，大家都觉得雅典娜的礼物更好。于是雅典归雅典娜所有，雅典娜成了雅典的守护神。

帕提侬神庙西三角楣（复原）
希腊，雅典卫城博物馆

帕提侬神庙复原图

　　为了把这个故事完美地展现在三角楣上，古希腊的雕塑家可是费尽了心思，精心设计每个人物的动作。中间的人物可以挺直了腰板，站得直一些，但是随着三角楣的两端越来越窄，两边的人物只能躺下来。

　　受到惊吓的马儿，形态各异的人物，雕塑家尽情发挥自己的想象力，创造了这么多生动有趣的形象。完工之后的三角楣就像一顶华丽的王冠，安放于神庙之巅。

　　古希腊人还别出心裁，真的设计出了一种三角楣形状的王冠，难道他们是想把神庙戴在头上吗？让我们一起去看一看！

王冠上的**自然元素**

大约两千三百年前,意大利的塔兰托是希腊的殖民地之一。1865年,考古学家们在塔兰托的圣欧费米娅墓穴发现了一批珍宝,其中有一顶精美的黄金王冠,它的创作灵感正是来源于神庙的三角楣造型。

圣欧费米娅王冠
古希腊文明
英国,大英博物馆

它其实是一张黄金薄片,很轻,只有45.8克,两端用带子系住戴在头上。

这顶王冠上出现的不再是神话人物，取而代之的是很多弯曲的线条，我们称它们为卷须造型。

柔美的曲线蔓延至王冠的尽头，宛如一片丰茂的藤蔓。顺着这些优美的线条，我们还可以发现星星点点的花朵和露珠，这些大自然的元素给这顶王冠增添了无限生机。

王冠中的装饰元素

这样的装饰元素，我们也可以在米诺斯文明中看到，它是古希腊文明的源头之一。离希腊半岛不远，有一座叫作克里特的岛屿点缀在爱琴海的碧波之中。20 世纪初，英国考古学家埃文斯将克里特岛上的文明命名为米诺斯文明，时间大约是公元前 3000 年至公元前 1450 年。

海豚图
米诺斯文明
希腊，伊拉克利翁考古博物馆

在克里特岛上有一座著名的宫殿遗址叫作克诺索斯王宫。

王宫以中央庭院为中心展开建设，房间众多，且错落有致；天井、走廊也设计得巧妙复杂。王宫中还有大量壁画，自然元素随处可见。就像这幅《海豚图》，它是考古学家埃文斯根据壁画残片修复的。画面中，蓝色的海豚在波光粼粼的海洋中安逸地游弋着，它们和小鱼一起欢腾跳跃，享受快乐的时光。画面的下方有一个精美的边框，弯曲的线条和王冠上的装饰极为相似。

从克里特岛出土的陶器中，我们也找到了许多自然元素。黑色陶器上装饰着一条条白色的曲线，这些曲线像是波浪，像是海草，也像是藤蔓。

这些大自然的元素不仅迷住了米诺斯的艺术家，也迷住了古希腊的艺术家，他们将卷须造型装饰在圣欧费米娅王冠上，不过这些可不是画上去的，而是用一条条黄金细丝做出来的。

陶杯
米诺斯文明
希腊，伊拉克利翁考古博物馆

 王冠上的黄金细丝

古希腊人将黄金细丝缠绕成各种图案,再焊接到王冠上,这种装饰方法在2000多年前的希腊非常流行。

比如这枚三角楣造型的黄金胸针,两端各驻守着一匹飞马,中间装饰着大量黄金细丝,是不是和前面介绍的王冠很像呢?

三角楣黄金胸针
古希腊文明
美国,大都会艺术博物馆

黄金耳环
古希腊文明
私人收藏，阿尔比恩艺术机构拍摄

到了这对黄金耳环上，上面的圆盘上用黄金细丝做成了大大的花朵和一圈圈的旋涡。下面的耳坠呢？是挥着翅膀的小爱神厄洛斯，也就是我们熟悉的罗马神话中的丘比特。他是一个手拿弓箭、光着小脚丫、长有一对翅膀的淘气小男孩，只要被他的金箭射中，就算互相厌恶的两个人也会坠入爱河。

在这条女祭司项链上，工匠用黄金细丝细腻地勾勒出了一朵朵盛开的花。仔细看看，下方的吊坠中还有两个头上长犄角的女性造型吊坠，她是古希腊神话中天后赫拉的女祭司伊娥，不过她和赫拉的丈夫主神宙斯产生了感情，这让赫拉怒火中烧。伊娥被罚变成了一头母牛。难道是因为这样，才有了头上的犄角？

女祭司项链
古希腊文明
英国，大英博物馆

黄金串珠
苏美尔文明
英国，大英博物馆

虽然古希腊人擅长运用这种装饰方法，但这并非他们的原创，早在四千五百多年前，生活在美索不达米亚的苏美尔人就已经使用这种方法了，美索不达米亚，即两河流域，在叙利亚东部和伊拉克一带。考古学家在一位苏美尔王后的陵墓中就发现了装饰着黄金细丝的串珠，这可能是迄今为止发现的最早的黄金细丝！后来，这种工艺传播到了古希腊，出现在了圣欧费米娅王冠之上。

古希腊工匠巧妙地借鉴了三角楣的造型，这让王冠看上去像神庙一样威严。想象远在两千多年前的古希腊城邦，有一位公主头戴这顶王冠，从神庙中款款走来，金色的王冠在阳光下熠熠生辉，是多么美丽的一个场景啊！

古希腊的时尚

**黄金冠冕
(古希腊文明)**
贝纳基博物馆

这件 2500 年前的双耳瓶上绘制的是古希腊人在奥林匹亚竞技中跑步比赛的场景。

双耳瓶
古希腊文明
美国，大都会艺术博物馆

　　如今，四年一度的奥林匹克运动会是世界上影响力最大的体育盛事，凡被奥委会承认的国家（或地区）均可派队参加。运动员们竞争激烈、奋力拼搏，争夺金、银、铜牌。沉甸甸的奖牌是荣耀的象征。

　　奥林匹克运动会源于奥林匹亚竞技，这么算来，已经快三千岁了！奥林匹亚竞技是古希腊人发明的，在古希腊，整个希腊世界的公民都可以参加竞技会，他们齐聚奥林匹亚这座城市。除了体育比赛，还有戏剧、诗歌、音乐等表演。

　　随着竞技项目的增多，比赛时间最后定为五天，好不容易决出胜负了，该为胜利者颁发奖牌了吧。等等，古希腊人可不讲究这套，他们会给获胜者颁发另外一样东西。

 ## 古希腊的流行款

按照规矩，古希腊人会给获胜者颁发橄榄枝叶编成的冠冕，但是冠军不同，冠军获得的是月桂枝叶编成的冠冕，也就是我们如今熟知的"桂冠"。这些冠冕都是用新鲜的植物做成的。2004年，现代奥林匹克运动会回到希腊举行，希腊人延续传统，为每一位获胜者戴上了一顶冠冕。

在希腊人心目中，这冠冕代表了胜利和荣誉！

除了在奥运会上，古希腊人还会在很多场合佩戴冠冕，这种用大自然的植物制作的饰品在古希腊非常流行。如果放现在，它应该可以登上时尚杂志了吧。

人们出席宴会时会戴着它。在这个古希腊的陶瓶上，一群人正在开派对——吹双管的音乐家、跳舞的舞蹈家、观看节目的宾客，他们几乎都戴着一顶植物枝叶编成的冠冕。

这些参加宴会的人戴的用植物枝叶编成的冠冕或许就像现在的派对帽一样。

陶瓶（局部）
古希腊文明
美国，大都会艺术博物馆

陶杯
古希腊文明
希腊，贝纳基博物馆

举行婚礼时也戴着它。上面这个陶杯上，描绘的是一场与众不同的婚礼，这场婚礼的主角是希腊神话中的酒神狄俄尼索斯和公主阿里阿德涅，他们的头上都戴着植物枝叶编成的冠冕。阿里阿德涅穿着新娘服，坐在酒神的旁边，正在编制一顶新的冠冕。长着翅膀的小爱神又给她戴上了一顶冠冕，祝福她新婚快乐。

甚至希腊神话中的主神宙斯也戴植物枝叶编成的冠冕！在下面这个陶瓶的中间，一位雕刻家正在进行一项艰巨的任务——雕刻希腊神话中最伟大的英雄赫拉克勒斯，左上方的宙斯和右上方挥舞着翅膀的胜利女神奈基好像正在监督他，为了显示自己高高在上的身份，他们俩都戴着美丽的冠冕。

陶瓶
古希腊文明
美国，大都会艺术博物馆

这种冠冕在古希腊真是太流行了。后来，他们还会用黄金、白银等珍贵的材料，来模仿大自然中的各种植物，制作一顶顶奢华的冠冕。这些金属制的冠冕比那些植物做的冠冕容易保存，所以现在我们才能看到古希腊的这种时尚潮品。

 # 主神的植物

我们现在看到的就是金灿灿的黄金冠冕啦！古希腊的工匠用薄薄的金箔做出了层层叠叠的橡树叶，一根根叶脉，即使过了两千多年依然清晰可见。

黄金冠冕
古希腊文明
希腊，贝纳基博物馆

吹拂着温暖海风的希腊，非常适合橡树的生长。你在生活中可能经常会见到橡树的身影，由于橡木防潮、防蛀，很多红酒瓶的木塞子就是用橡木做的。橡树还是一种大型开花植物，古希腊工匠们真是技艺精湛、精益求精呢，还在这顶黄金冠冕上，制作了星星点点的黄金小花。如果给这顶黄金冠冕涂上颜色，还真能以假乱真呢！

橡树枝叶

古希腊人还认为，橡树是主神宙斯掌管的植物。

在希腊西北部的一片山谷中，有一个地方叫作多多纳，那里曾有古希腊最古老的宙斯神谕所。什么是神谕所呢？那时候，如果人们对自己的工作、学习、人际关系、家庭琐事等有不明白的地方，就可以到神谕所询问，一般这里会有一位祭司，他坐在一把椅子上，闭着眼睛，喝着圣水，解答着众人的疑惑，还说自己是在传达神的旨意。不过只要他的话真的能帮到大家，人们还是很乐意相信他的。

在多多纳的宙斯神谕所，情况可就不一样了，传达神的旨意的不是祭司，而是一棵橡树！据说，这生长着一棵高大的橡树，崇拜宙斯的人跑到橡树下来询问时，橡树叶会在风中沙沙作响，人们认为这是宙斯听到了他们的问题，正在回答他们。可是宙斯说了什么，恐怕只有他们自己知道，不过显然橡树已经成为宙斯的"代言人"了。

除了橡树叶，这顶黄金冠冕中还藏着一只小动物，它还是另外一位神的宠物。

多多纳遗址
余琛琪拍摄

女神雅典娜的宠物

在冠冕的中间还栖息着一只小鸟，它藏得特别隐蔽，不仔细找还真找不到。小鸟瞪着两只炯炯有神的大眼睛，微微侧着脑袋，身上的羽毛丝滑柔顺、根根分明，像是精心梳理过一样，它就是"夜之使者"猫头鹰。

在我们的印象中，猫头鹰是白天睡觉、夜晚出行的夜行性动物。在古希腊神话中，猫头鹰是智慧女神雅典娜的小宠物，常常和女神一起出现。它有一双视力极佳的"暗夜之眼"，可以帮助雅典娜看到别人看不到的真相。所以，猫头鹰在古希腊人心中是智慧、具有洞察力和博学的象征。

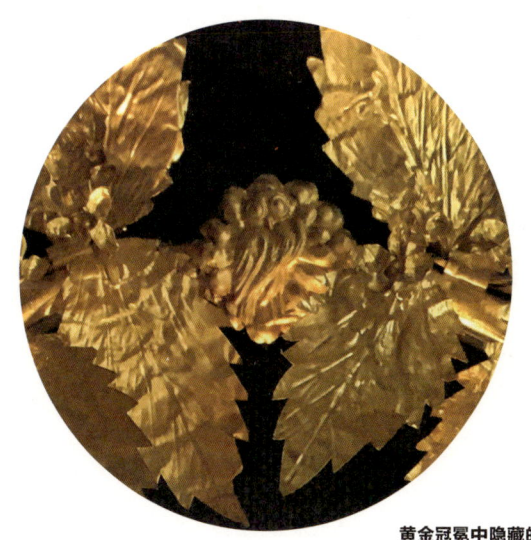

黄金冠冕中隐藏的猫头鹰

雅典娜和猫头鹰一起守护着雅典，因此在很多雅典发行的古钱币上，我们都可以看到雅典娜和猫头鹰的形象。这枚两千多年前的希腊银币，正面是戴着头盔的雅典娜女神；反面就是她的宠物猫头鹰——它被橄榄叶围绕着——橄榄树是雅典娜掌管的植物。

正面　　　　　　　　　反面

古希腊银币

既有宙斯掌管的植物，又有雅典娜的宠物，这顶黄金冠冕可真是一顶神圣的冠冕啊！

作为古希腊的潮品，这种黄金冠冕还有很多其他的款式，以满足不同顾客的需求。让我们一起看看吧。

这顶常春藤形状的黄金冠冕,还点缀着小果子。

常春藤是一种四季常青的植物。你喜欢这项冠冕吗?

常春藤黄金冠冕
古希腊文明
希腊,贝纳基博物馆

这顶黄金冠冕是参照桃金娘做的,细长的叶子中夹杂着一朵朵小花,看上去温柔无比。

古希腊人经常在婚礼上佩戴这种款式的冠冕。

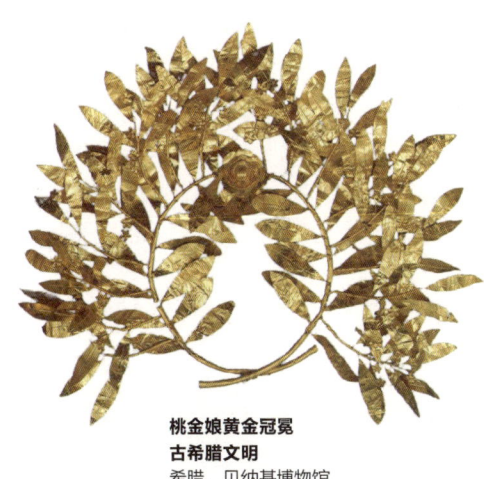

桃金娘黄金冠冕
古希腊文明
希腊,贝纳基博物馆

这些华丽的黄金冠冕,不仅在古希腊广受欢迎,在后世也继续流行着,还成为西方一些帝王的皇冠。

141

统治者的象征

　　俊秀的脸庞、坚毅的眼神和挺拔的鼻梁，这尊雕像塑造的正是罗马帝国的奥古斯都屋大维。他的头上也戴着一顶希腊式的槲叶冠冕。这顶冠冕不仅仅美，更代表了一种荣誉，它通常授予那些曾经拯救国人于危难的将军或指挥官。

奥古斯都胸像
古罗马文明
德国，慕尼黑古代雕塑展览馆

约两千年过去了，法兰西第一帝国皇帝拿破仑一世依然热爱这种冠冕，他的头上戴着一顶桂冠，每一片叶子都象征着他的一次胜利。有意思的是，桂冠刚做出来的时候太重了，工匠们不得不去掉六片叶子以方便皇帝佩戴。

拿破仑一世头戴桂冠胸像
皇家赛弗尔瓷窑 1810 年制造

在下面这幅油画中，拿破仑一世身穿加冕礼服，手拿权杖，头戴桂冠，全副武装，显得尊贵无比。在当时，拿破仑一世这个形象的画作有好多个版本，正面侧面都有，被当作拿破仑一世的形象宣传画。

身穿加冕礼服的拿破仑一世，油画
法国，弗朗索瓦·热拉尔于 1805—1815 年绘制
荷兰，荷兰国立博物馆

　　现在呢？虽然我们在生活中不会隆重地戴上一顶冠冕，但我们还是会用这些美丽的植物装点我们的生活，并赋予它们不同的意义。

"永远不老"的皇帝

博拉卡斯玛瑙浮雕
(古罗马文明)
大英博物馆

你拍照的时候是喜欢用普通相机还是美颜相机呢？有些人喜欢写实一点儿的，因为这样看上去更真实，而有些人喜欢美化一下，这样看上去更好看。两千多年前的古罗马人和我们一样，也有过这样的探讨，让我们一起去看看古罗马的"美颜相机"吧。

古罗马的"美颜相机"

大约两千五百年前，正值罗马共和国时期，当时的罗马人更喜欢写实一点儿，他们通常也是这样塑造德高望重的领袖的雕像的。

布鲁图青铜雕像
古罗马文明
意大利，卡比托利欧博物馆

满脸的胡须、深陷的眼窝和清晰可见的皱纹,这就是罗马共和国的第一任执行官和奠基者布鲁图。

同样的艺术风格也体现在下面这尊雕像上,这是一位罗马共和国的男子的雕像,根据其装扮,考古学家认为他是一位祭司,下垂的嘴角、满脸的皱纹,让他看上去不怎么帅。

老年男子雕像
古罗马文明
梵蒂冈,梵蒂冈博物馆

共和国时期的罗马人一点儿都不避讳这些衰老的迹象,相反,他们认为这些岁月的痕迹是充满阅历和智慧的表现。那时的艺术家绝不放过一点儿细节,要求真实!真实!再真实!

过了大约五百年，到了罗马帝国时代，这套写实主义的方法就行不通了。罗马帝国的第一位皇帝是盖约·屋大维，奉以奥古斯都尊号，意思是神圣的、圣尊的。

奥古斯都屋大维可不要人民记住他满脸皱纹的样子，他要人们记住他英俊潇洒的模样。当时，他命人制造了很多雕像派发到全国各地，这些雕像就像宣传画一样，目的是让那些没见过皇帝的人看看自己的皇帝到底长什么样。在这些雕像中，有一块精美的玛瑙浮雕，它曾在19世纪被法国的博拉卡斯公爵收藏，故得名"博拉卡斯玛瑙浮雕"。

这块玛瑙浮雕是红白两色的，艺术家利用材质本身的特点，把深红色作为背景，把白色部分雕刻成人像，刻画了高高在上的奥古斯都屋大维。他嘴唇紧闭，眉头微锁，眼神坚定，脸上一点儿皱纹也没有，相信古罗马的人民看到了一定会赞叹：我们的皇帝也太英俊了吧！猜猜看，浮雕上的屋大维多少岁了？

博拉卡斯玛瑙浮雕
古罗马文明
英国，大英博物馆

  洁白无瑕的脸庞、浓密轻柔的头发，这位皇帝看上去最多也就 30 岁吧，可真是年轻帅气啊！然而事实上，这件浮雕作品是屋大维去世后不久创作的，他去世的时候都已经 77 岁高龄了，艺术家特地用了"美颜相机"，把屋大维脸上的皱纹磨平了，塑造了一位英俊帅气的美男子！

美男子是如何诞生的？

年轻时候的屋大维的确是位不折不扣的美男子，据说在他17岁的时候，被养父恺撒大帝选为继承人，他的政敌安东尼就尖酸地说道："选了一个美少年。"屋大维不仅长得帅，而且很有能力。他33岁的时候就击败了安东尼和埃及的联合海军，36岁的时候建立了庞大的罗马帝国。成为罗马皇帝后，他又制定了一系列的制度，严惩罗马帝国中贪污受贿的官员；建立了一支强大的海军，保障帝国各地之间的贸易路线。在他的统治下，罗马的繁荣与和平持续了四十年。

一定要让奥古斯都屋大维永垂不朽！于是古罗马的艺术家们舍弃了老一套的写实手法，决定向他们的艺术老师——古希腊人学点本领。

在古希腊的古典时期，他们的雕塑通常是这样的。

比如右面这座雕塑，一个持矛的战士，他拥有光洁的脸庞、柔和的眼神，就像一个从神话中走出来的翩翩美少年，这是古希腊人心目中理想的战士形象。

持矛者雕像，古罗马复制品
古希腊原作创作时间为公元前 450—前 440 年
美国，明尼阿波利斯艺术学院

希盖索墓碑
古希腊文明
希腊，国家考古博物馆

左图这座呢？这是一位女主人的墓碑，刻画的是女主人坐在椅子上，女仆站在她的身边。柔和的线条勾勒出她们完美无瑕的脸庞，将她们永远定格在这种恬静的氛围中。

不论是男性还是女性，他们都美得像神一样，他们的脸庞没有一点儿皱纹。就是借鉴了这样的风格，古罗马的艺术家们将77岁高龄的屋大维刻画得宛若少年，他就像神一样，永远年轻，永远高贵，永远完美！

让我们继续看屋大维的雕像，他的身上还有各种各样的图案，这些图案又是什么呢？

战无不胜的奥古斯都

奥古斯都屋大维的胸前挂着一块颜色深浅不一的玛瑙。仔细观察,你会发现上面有一张人脸,还有许多小蛇,这是鼎鼎有名的护身盾牌,叫作"密涅瓦的神盾"。

小蛇

人脸

美杜莎油画
意大利，卡拉瓦乔创作，1571—1610 年
意大利，乌菲齐美术馆

  密涅瓦是罗马神话中的战争女神和智慧女神，相当于希腊神话中的雅典娜，盾牌中间的人脸是有名的"蛇发女妖"美杜莎，传说她的脑袋上不是柔顺的发丝，而是扭来扭去的毒蛇。人们害怕她，因为只要看到她的眼睛就会当场变成石头。为什么她会出现在神盾上呢？

  在古希腊神话中,美杜莎生活在一个遥远的小岛上,英雄珀尔修斯受命去砍下她的首级(脑袋)。据说,智慧女神雅典娜送给他一块打磨得像镜子一样闪闪发亮的盾牌,畜牧之神赫耳墨斯则送给他一把削铁如泥的宝剑。珀尔修斯就带着这两件宝贝踏上了征途。当他来到美杜莎生活的小岛,他被眼前的景象惊呆了。岛上毫无生气,怪石嶙峋,其实,这些奇怪的石头都是人变成的!

  美杜莎出现了,她龇牙咧嘴,露出了黄色的獠牙很是吓人,脑袋上的毒蛇还不停地扭动。聪明的珀尔修斯并没有直接看着她,而是把盾牌当成镜子,他一边看着盾牌,一边和美杜莎作战。最后,他用宝剑砍下了美杜莎的脑袋,并把它献给了雅典娜。

珀尔修斯手拿美杜莎首级雕像
意大利，安东尼奥·卡诺瓦创作，1804—1806 年
美国，大都会艺术博物馆

雅典娜将它嵌在盾牌之中，从此只要看到神盾中美杜莎之眼的人就会立刻变成石头，这让雅典娜更加战无不胜，这便是"密涅瓦的神盾"的由来。

在神盾的另一边还藏着一张长着胡子的人脸，那是福波斯，是恐惧的化身，经常被用来装饰英雄的盾牌。这样，敌人们看到盾牌后便会落荒而逃。

奥古斯都屋大维不仅容颜永驻，有这样一件神盾他还能战无不胜。古罗马的人民看见后一定会永远敬畏他，这就是统治者和艺术家所期望的。

理想主义和写实主义

屋大维喜欢的理想主义的风格并没有流行多久，在他死后五十年左右，罗马帝国陷入了内战，另一位罗马皇帝力挽狂澜，镇压了各地的起义，重塑了帝国的和平和秩序，他就是韦斯巴芗。他的审美就和屋大维不太一样，军人出身的他更喜欢粗犷写实的风格。

从这尊雕像看，皇帝的发际线明显后移，皮肤松弛下垂，还有明显的抬头纹，就像一位老爷爷，这不是又回到了之前写实主义的风格了吗？

韦斯巴芗像
古罗马文明
意大利，罗马国家博物馆

哈德良像
古罗马文明
意大利，罗马国家博物馆

  又过了五十年左右，罗马皇帝的审美又变了！这位罗马皇帝叫作哈德良。他脸上的皱纹又没了，皮肤就像剥了壳的鸡蛋，头发浓密，这显然是模仿古希腊的风格。由于哈德良皇帝很喜欢古希腊文化，所以他也被称为小希腊人。
  古罗马人的喜好真是飘忽不定啊，一会儿喜欢写实主义，一会儿又喜欢理想主义。就像现代人一样，一会儿喜欢用美颜相机，一会儿又喜欢真实一点儿的。不知道你喜欢哪一种风格呢？

后记

欧亚大陆东西两端精神文明和物质文明都很繁盛，交流开始得也很早。我们的故事从苏美尔文明一枚小小的滚筒印章开始，至罗马帝国的博拉卡斯玛瑙浮雕结束。其中，有来自欧洲的文物，也有出土于亚洲的珍宝，有来自茫茫草原的斯基泰人的黄金项圈，也有发现于尼罗河畔的图坦卡蒙的月亮船项链。让我们跟随它们一起去了解更广阔的世界吧。

大英博物馆前馆长尼尔·麦格雷戈先生说过："博物馆的功能便是通过文物来讲述历史。"在本书中，我们为你打开了其他国家和地区的博物馆大门，选取了来自不同国家、不同时代、不同文明的珍贵文物。通过解读文物，让我们跨越时空进一步了解世界的历史。

在一条黄金青金石项链上，我们可以看到几千年前美索不达米亚的贸易版图。通过那枚神秘的伊特鲁里亚黄金扣针，我们能够知晓这个已没落的文明曾经有那么高超的工艺！通过斯基泰人的黄金项圈，我们能够知晓两千多年前草原上的繁荣景象。那块博拉卡斯玛瑙浮雕上的奥古斯都屋大维似乎在说：我很伟大，我像神一样威风凛凛，高贵威严，永远受到人们的爱戴！每件文物都有自己的故事，让我们慢慢品读吧。

咦？怎么没看到中国的珍宝呢？我们中国历史悠久、文化灿烂，珍宝更是多多呀。它们统统都在另外一本书中有介绍哟！在《走！去博物馆学历史·中国国宝篇》中，我们介绍了十件有意思的中国文物，这些文物藏在不同的博物馆里。首先，我们会去到位于北京的中国国家博物馆，在地下一层的"古代中国"展厅，昏暗的灯光下静静沉睡着一条深色的玉龙。嘘！别吵醒它了，它有个特响亮的名号"中华第一龙"！在成都的金沙遗址博物馆内有一只神秘的太阳神鸟，考古学家推测，它是神话中的神鸟金乌，它的身上藏着日升日落的秘密。想知道古代人是怎么洗手的吗？那我们就去上海博物馆，那里有一个精美的青铜洗手盘——子仲姜盘，里面还有各种各样的小动物，什么小鱼啊，小鸟啊，小青蛙啊，而且还会360度旋转呢！我们再往北走，在内蒙古敖汉旗博物馆里有一条辽朝的胡人乐舞纹玉带，仔细去看，上面还雕刻着一场千年之前的西域音乐会！此外，还有商朝王妃妇好的玉凤、西周诸侯王夫人的六璜联珠组玉佩、匈奴王的鹰顶金冠饰等，是不是有点目不暇接。

欣赏完这些文物你会发现，有些文物之间还有一些相近之处。比如都有古人创造的神奇动物——波斯阿契美尼德王朝的黄金格里芬、中国的玉龙和太阳神鸟等，这些动物都是现实中不存在的。有些文物就像图画书，为我们讲述古代的故事，譬如美索不达米亚的滚筒印章、古罗马的博拉卡斯玛瑙浮雕和辽朝的胡人乐舞纹玉带等。还有些珍宝是古代王室和贵族们的"标配"，譬如古埃及的韦塞赫、古希腊的圣欧费米娅王冠和中国西周的六璜联珠组玉佩等，他们的爱好有点相似呢。很多文物上还都有相同的装饰元素，尤其是自然元素。即使这些文物来自不同时代、不同地域、不同文明，却有着不少关联，我们甚至可以把远在欧亚大陆西端的地中海文明和东端的古代中国文明关联起来，这可真是神奇啊！

当你参观中国的博物馆的时候，可能还会想起希腊某一个博物馆也有类似的文物；当你在欣赏一件几千年前的珍宝的时候，可能还会想到后世的某一件珍宝和它有共通之处。这些文物有它们自己所处的时代和地域，却能够引发你更深层次的思考，与不同时代、不同地域的文物联系起来，这就是博物馆参观的三要素——时间、空间、关联。

这些博物馆中的珍宝，就像散落在夜空中的星星，熠熠生辉，你可以用自己的方式将它们连成星座，让星空更加丰富多彩。在这片美妙的星空下，你可以挥舞想象的翅膀自由翱翔，构建你心目中世界的模样。

参考书目

埃里克·H. 克莱因. 2018. 考古的故事. 北京：中信出版集团：1-11, 63-79, 167-171.

奥姆斯特德 AT. 2017. 波斯帝国史. 上海：上海三联书店：214-228.

北京大学人文社会科学研究院. 2019. ［文研讲座 129］贾妍：神采幽深——流转在古代近东文明之间的青金石. http://www.ihss.pku.edu.cn/templates/learning/index.aspx?nodeid=121&page=ContentPage&contentid=3139 ［2020-01-30］

大英博物馆. 2018. 斯基泰人：古西伯利亚的战士. 文明，（3）：48-67.

湖北省博物馆. 2013. 曙光时代：意大利的伊特鲁里亚文明. 北京：文物出版社：30-85.

勒内·格鲁塞. 2017. 草原帝国（上册）. 北京：商务印书馆：28-41.

米夏埃尔·比尔冈. 2015. 古代波斯诸帝国. 北京：商务印书馆：3-44.

杉山正明. 2014. 游牧民的世界史. 北京：中华工商联合出版社：3-20, 51-69.

史永，贺贝. 2018. 珠宝简史. 北京：商务印书馆：5-17, 30-42, 88-100, 152, 153, 177, 178, 215-220.

斯塔夫里阿诺斯. 2006. 全球通史：从史前史到 21 世纪（上）. 第 7 版修订版. 北京：北京大学出版社：126, 127.

托马斯·霍温. 2016. 图坦哈蒙：不为人知的故事. 北京：商务印书馆：1-90.

希罗多德. 2017. 历史（上册）. 北京：商务印书馆：312-332.

英格丽·多莱尔，爱德加·帕林·多莱尔. 2016. 多莱尔的希腊神话书. 南京：江苏凤凰教育出版社：26-33, 106-114.

詹森 HW，戴维斯 JE，等. 2017. 詹森艺术史. 插图第 7 版. 长沙：湖南美术出版社：21, 22, 26-29, 37, 38, 40-43, 50-55, 57-59, 70-74, 82-89, 121-133, 161-168, 186-193.

Bongioanni A, Croce MS. 2007. The Treasures of Ancient Egypt. Boston: White Star Publishers: 257-263, 286-289, 291, 324, 360.

University of Pennsylvania Museum of Archaeology and Anthropology. https://www.penn.museum/sites/iraq/?page_id=28 [2020-01-15]